Landschaft entwerfen
Zur Theorie aktueller Landschaftsarchitektur

Mit einem Vorwort von Udo Weilacher

Reimer

Abbildungsnachweis

©   FLC/VG Bild-Kunst, Bonn 2004
      Le Corbusier

Bibliografische Information Der Deutschen Bibliothek
Die Deutsche Bibliothek verzeichnet diese Publikation in der
Deutschen Nationalbibliografie; detaillierte bibliografische Daten
sind im Internet über http://dnb.ddb.de abrufbar.

©   2004
      by Dietrich Reimer Verlag GmbH
      www.dietrichreimerverlag.de

Umschlagfotos: Martin Prominski, Hannover
Lektorat: Julia Heilmann, Berlin

Gedruckt auf alterungsbeständigem Papier
Alle Rechte vorbehalten
Printed in Germany

ISBN 3-496-01307-9

Dank

Das vorliegende Buch zur Theorie aktueller Landschaftsarchitektur ist eine überarbeitete Fassung meiner Dissertation »komplexes landschaftsentwerfen«, die ich 2003 am Institut für Landschaftsarchitektur und Umweltplanung der Technischen Universität Berlin realisiert habe.

Zuallererst möchte ich mich bei Hans Loidl bedanken, ohne dessen langjährige, motivierende Begleitung diese Arbeit nicht entstanden wäre. Hans Poser danke ich für die wissenschaftstheoretischen Hinweise, ohne die das Fundament der Arbeit brüchig geworden wäre.

Meinen Studenten, insbesondere den Verfassern der im vierten Kapitel verwendeten Arbeiten, danke ich für ihre inspirierende Mitarbeit an den Entwurfsexperimenten in meinen Studienprojekten.

Angela Kauls, Monika Matthias und Michael Heurich danke ich für die lebendige, positive Atmosphäre im Fachgebiet »Objektplanung« der TU Berlin sowie für ihre kontinuierliche Unterstützung.

Für die Produktion des Buches bedanke ich mich bei Beate Behrens, Julia Heilmann und Nicola Willam vom Reimer Verlag sowie Vera Lohmann.

Friedrich Kuhlmann, Gabriele Pütz, Thies Schröder, Spyridon Koutroufinis und Klaus Overmeyer danke ich für die bereichernden Gespräche.

Zu guter Letzt steht die Familie, die mich großartig unterstützt hat – vielen Dank an Jan, Hanna, Frida und vor allem an Angela.

Inhalt

Vorwort von Udo Weilacher *9*

Einleitung *13*

1 Komplexität *17*

1.1 Ausgang *18*
Deterministisches Chaos *18* – Theorie dissipativer Strukturen *20* – Fraktale Geometrie *21* – Dreiklang der Komplexität *22*

1.2 Ausweitung *29*
Dritte Kultur – Komplexität als Leitwissenschaft? *29* – Komplexität als übergreifende Kategorie *31* – Komplexität und Gehirnforschung *31* – Komplexität und Ästhetik *32*

1.3 Ausblick *38*
Evolutionäre Weltsicht *38* – Modus 2 – Wissenschaften *41* – Komplexität und Gesellschaft: Wissenschaft in der Agora *47*
Fazit *49*

2 Landschaft *51*

2.1 Ausgang *51*
Regio *52* – Szenerie *53* – Ritters ästhetischer Landschaftsbegriff *53* – Die gegenwärtige alltagssprachliche Bedeutung *56*

2.2 Ausweitung *57*
Rainer Piepmeier: Landschaft als menschlicher Möglichkeitsraum *57* – John Brinckerhoff Jackson: Landschaft als menschgemachtes, dynamisches Gefüge *58* – Landschaft Drei *59* – Totale Landschaft *60* – Territorium *62* – Zwischenstadt *65* – Transdisziplinarität der Landschaft Drei *67*

2.3 Ausblick *70*
Jenseits von Idealzuständen – Landschaft und Komplexität *72* – Jenseits von Gegenüber – Landschaft als »Attraktor« in der Modus 2-Gesellschaft *79*
Fazit *81*

3 Entwerfen *83*

3.1 Ausgang *83*
Handwerkliches und zeichnerisches Entwerfen *83* – HfG Ulm *86* – Design Methods Movement *87*

3.2 Ausweitung *95*
Entwurfsprobleme sind »verzwickte Probleme« *95* – Reflexive Praxis *98*

3.3 Ausblick *103*
Entwerfen und Komplexität *104* – Entwerfen und Modus 2-Wissenschaften *105* – Entwerfen und wissenschaftstheoretische Weltsichten *110* – Entwerfen und Objektivität *111*
Fazit *115*

4 komplexes landschaftsentwerfen *117*
Xochimilco Ecological Park *126* – Studienprojekt »Texas« *128* – Fischbek_Mississippi 136 – Studienprojekt »Landschaftsgenerator BBI« *138* – Fazit *145*

Zusammenfassung *147*

Literaturverzeichnis *149*

Abbildungsverzeichnis *161*

Vorwort
von Udo Weilacher

In »De Architectura Libri Decem«, den Zehn Büchern über Architektur, verlieh Vitruv seiner Überzeugung Ausdruck, dass die Philosophie »einen vollendeten Architekten mit hoher Gesinnung« hervorbringen werde und forderte, dass der Architekt »fleißig Philosophen gehört haben« muss.[1] Mit mahnendem Verweis auf die vermeintliche Gefahr des fehlenden Praxisbezuges und des verkümmernden Handlungswissens wird jedoch heutzutage immer wieder die Forderung erhoben, die Landschaftsarchitekten mögen genau wie alle anderen Bau- und Planungsfachleute gefälligst planen und bauen, anstatt zu philosophieren. Diese Haltung, verstärkt in konjunkturell kritischen Phasen auftretend, hat jedoch die kreative Impulskraft und das kritische Urteilsvermögen in der Landschaftsarchitektur schon zu lange empfindlich geschwächt und die Entwicklung tragfähiger theoretischer Grundlagen in diesem Fach weitgehend unterbunden.

So sieht sich eine unter akutem Theoriedefizit leidende Profession am Beginn des 21. Jahrhunderts plötzlich mit neuen, sich vielerorts noch unscharf abzeichnenden Umweltentwicklungstendenzen konfrontiert, die auf scheinbar komplizierte und zugleich subtile Weise das Bild von Landschaft und Stadt sowie die Naturwahrnehmung des Menschen und die Vorstellungen von Lebenswelten außerordentlich rasant und tief greifend verändern. Der dynamischen Komplexität dieser Veränderungsprozesse wird die Landschaftsarchitektur, genau wie alle anderen umweltgestaltenden Disziplinen, weder mit althergebrachten Handwerkstraditionen, noch mit klassischem Wissenschafts- und Kunstverständnis und schon gar nicht mit statischen, kausalanalytischen Erklärungsmodellen allein gerecht. Nein, es genügt auch keineswegs, gute Landschaftsarchitektur- und Gartenkunstprojekte zu realisieren, ohne eine kritische theoretische Reflexion über die aktuellen Entwicklungen im eigenen Fachgebiet zu kultivieren, wenn man nicht riskieren will, dass die Landschaftsarchitektur als eines der ausdrucksstärksten nonverbalen Kommunikationsmedien in dekorativ-stilistische Starre und damit in tiefe Sprach- und Ausdruckslosigkeit verfällt.

»Landschaft«, schrieb der amerikanische Historiker und Literaturwissenschaftler J. B. Jackson, »ist kein natürliches Phänomen der Umwelt, sondern ein synthetischer Raum, ein von Menschen gemachtes System von Räumen, welches ins Gesicht des Landes übertragen wurde und sich in Funktion und Entwicklung nicht nach natürlichen Gesetzen richtet, sondern der Gemeinschaft dient – denn der kollektive Charakter der Landschaft ist etwas, worauf sich alle Generationen und alle Standpunkte geeinigt haben.«[2] In der sich immer komplexer gestaltenden Informations-, Dienstleistungs- und Mobilitätsgesellschaft des 21sten Jahrhunderts kommen den »synthetischen Räumen«, der Landschaft und dem öffentlichen Raum, vermehrt die Funktionen interaktiver Benutzeroberflächen zu, die spontan lesbar und intuitiv handhabbar sein müssen. Zugleich sollen sie ihren tieferen kulturellen Bedeutungsgehalt hinter der äußeren Gestalt nicht verleugnen und die Komplexität der gesellschaftlich determinierten Entscheidungsabläufe, die sich unsichtbar im Hintergrund permanent abspielen, subtil spürbar werden lassen.

Landschaft und öffentlicher Raum als von dynamischen Lebensprozessen durchströmte, synthetische Benutzeroberflächen reagieren aber nicht nur auf äußere Einflüsse, sondern übernehmen im alltäglichen Leben verstärkt Katalysator- und Regelungsfunktionen, deren Wirkungsweise wie in jedem anderen kybernetischen System durch häufig spontan auftretende Rückkopplungs- und Selbststeuerungsprozesse ständig beeinflusst werden. Hinzu kommt die hohe Taktrate des gesellschaftlichen Wandels, welche die Entwicklung seriöser, langfristig zuverlässiger Planungs- und Gestaltungsstrategien immer schwieriger und in Zukunft womöglich nahezu unmöglich macht. Der ohnehin schon komplexe Begriff »Landschaft« erfährt dadurch aktuell eine enorme inhaltliche und konzeptionelle Ausdehnung. Daher werden viele der lieb gewonnenen, zuweilen bau- und planungsrechtlich fixierten und vermeintlich unerschütterlichen Planungsprinzipien der Landschaftsarchitektur ernsthaft in Frage zu stellen und auf erweiterter theoretischer Basis zu erörtern sein.

Ein dem Entwerfen komplexer synthetischer Räume adäquater Wissenschaftsbegriff ist noch längst nicht etabliert, im Gegenteil. Martin Prominski zeigt in seiner Arbeit deutlich auf, in welchem theoretischen Koordinatensystem dieser erst entwickelt werden muss. Die Theorien aktueller Landschaftsarchitektur, deren Entwicklung augenblicklich im Mittelpunkt universitärer Forschungs- und Lehrtätigkeit steht, werden sich vordringlich mit den Fragen nach dem Wesen und dem Warum zukünftiger Landschaftsarchitektur und weniger mit Fragen der Funktionalität und dem Wie einer rein wissenschaftlich-rational begründeten Grünplanung auseinander zu setzen haben. Die Suche nach einer zeitgemäßen und eigenständigen gestalterischen Sprache ist dabei noch immer von höchster Aktualität. Die Notwendigkeit, dass die Landschaftsarchitektur mit ihren Werken endlich wieder in angemessener, gesellschaftlich relevanter und zugleich sinnlich wahrnehmbarer Weise mit den Menschen alltäglich über das komplexe Verhältnis zu Natur und Umwelt kommuniziert, hat angesichts der anhaltenden globalen ökologischen Krise nichts an Dringlichkeit verloren. Dem Entwerfen, verstanden als nachvollziehbares, künstlerisch-kreatives Denken und Handeln, wird deshalb zukünftig wieder mehr Aufmerksamkeit zu schenken sein. Die Entwurfsfähigkeit – nicht nur im eigentlich zeichnerisch-technischen, sondern auch im übertragenen, die Lebensgestaltung betreffenden Sinn – gehört zu den wichtigsten Kernkompetenzen künftiger Landschaftsarchitekten.

Beim landschaftsarchitektonischen Entwerfen geht es in Zukunft insbesondere um die Konzeption von Lebensräumen, die selbst als komplexe Organismen, als eigenständige Lebewesen aufgefasst werden können. »Sie haben ein Raumleben und ein Haltbarkeitsdatum«, konstatiert der Architekturtheoretiker Franz Xaver Baier. »Unsere Lebensräume formen sich permanent um und müssen geleistet werden. Sie müssen genährt werden, aufgezogen, gepflegt und gehalten werden.«[3] Der Raum, aufgefasst als Lebewesen, als komplexer Organismus, entzieht sich der totalen planerisch-gestalterischen Kontrolle und ähnelt früher oder später kaum mehr jenen glasklaren Idealbildern und wissenschaftlich fundierten Illustrationen, welche zuvor am Computerbildschirm oder Zeichentisch entwickelt wurden. Im Umgang mit vitalen, multidimensionalen Lebensräumen erweist sich die einseitige Fixierung auf statische, zweidimensionale Referenzbilder nicht nur für Landschaftsarchitektur und Umweltentwicklung als besonders kritisch. Sich gegen vorgefertigte Idealbilder und statische Gesamtpläne erfolgreich zur Wehr zu setzen, ist in einem Medienzeitalter, das nach leicht lesbaren und problemlos konsumierbaren Bildern verlangt, eine schwierige Herausforderung. Ziel muss es sein, authentische Lebensräume des 21. Jahrhunderts zu entwerfen, die von einer neuen Vitalität, Prozesshaftigkeit und Menschlichkeit geprägt sind und deshalb im Unterschied zu den scharf gezeichneten, aber leblosen Idealbildern durchaus eine gewisse Unschärfe aufweisen dürfen.

Unschärfe und Subjektivität passen scheinbar nicht in ein Zeitalter, das nach überprüfbaren, wissenschaftlich fundierten Wertmaßstäben, nach glasklaren empirisch-analytisch begründeten Beurteilungskriterien verlangt. Nur zögerlich setzt sich die Erkenntnis durch, dass der Mensch als sinnlich wahrnehmendes, häufig intuitiv handelndes Wesen und nicht einfach als rational berechenbarer »Faktor« seine Lebensräume formt. Gerade beim Entwerfen von Lebensumwelten kommt es deshalb darauf an, die Subjektivität – nicht die Willkür – als Qualität anzuerkennen und in den Entwurfsprozess bewusst in verantwortlicher Weise zu integrieren. Die Chaostheorie hat längst geklärt, dass das Rauschen, dass die Unschärfen nicht etwa belanglose Nebengeräusche in unserer Welt sind, die es wegzufiltern gilt. Vielmehr wissen wir heute, dass eine rauscharme, glasklare Welt ohne ein gewisses Maß an Chaos dem Leben nicht den nötigen Spielraum lassen würde, um sich in seinem vitalen Reichtum zu entfalten. Ein gewisser Grad an Unschärfe garantiert also eine Wandlungsfähigkeit, die zu jenen zentralen Kriterien zählt, nach denen in Zukunft die Qualität und die Tragfähigkeit neuer Freiraumkonzepte beurteilt werden. »Unwandelbare Landschaften« existieren schon heute häufig nur noch, weil sie als historisch bedeutsame Zeugnisse längst vergangener Zeiten unter Schutz gestellt wurden. In Zukunft werden neue »unwandelbare Landschaften«, erstarrte synthetische Raumorganismen, zu den immer selteneren Ausnahmeerscheinungen zählen.

1 Fensterbusch, Curt (Hg.): Vitruvius, Marcus: Vitruv. De Architectura Libri Decem – Zehn Bücher über Architektur. Darmstadt 1976, 27 und 25
2 Jackson, John Brinckerhoff/Horowitz, Helen L. (Hg.): Landscape in Sight. Looking at America. New Haven 1997, 304–305.
3 Baier, Franz Xaver: Der Raum. Prolegomena zu einer Architektur des gelebten Raumes. Köln 2000, 7

Einleitung

Landschaftsarchitektur ist ein kontinuierlicher Dialog mit der zeitgenössischen Kultur. Sie verarbeitet, kritisiert, propagiert oder provoziert kulturelle Entwicklungen. Das ist keine Feststellung, sondern eine nie endende Aufforderung. Dieser Aufforderung zur Auseinandersetzung mit der zeitgenössischen Kultur möchte die vorliegende Arbeit folgen. Sie nimmt Entwicklungen zum Ausgangspunkt, die in den letzten Jahrzehnten aus den Naturwissenschaften heraus die gesamte Wissenschaftslandschaft beeinflusst haben: Auf ihrer Basis wird in der aktuellen Wissenschaftstheorie von einem neuen komplexen Wissenschaftsverständnis gesprochen, das komplementär zur klassischen, kausalanalytischen Weltsicht der Wissenschaften steht.

Die Dominanz des klassischen Wissenschaftsverständnisses mit Zielen wie Vorhersagbarkeit oder zeit- und kontextunabhängiger Gültigkeit von Gesetzen hat es der Landschaftsarchitektur bisher schwer gemacht, sich theoretisch zu verorten. Das liegt zu einen am hybriden Charakter ihres Gegenstandes »Landschaft« als auch an ihrer Handlungsweise »Entwerfen« – bei beiden fließen objektive, analytische und intuitive, subjektive Anteile in einer Vielzahl von Ebenen zusammen. Die Ergebnisse der Landschaftsarchitektur zeichnet daher eine aus Sicht der klassischen Wissenschaften nicht hinnehmbare »Ungewissheit« aus. Die Folge für die Profession ist – beispielsweise an den Universitäten – eine unscheinbare Randposition. Selbst international anerkannte Landschaftsarchitekten wie Peter Walker stellen bedauernd fest, dass die Landschaftsarchitektur trotz der vielen Mitglieder und der gesellschaftlich wichtigen Aufgaben als schwach, von manchen sogar als überflüssig angesehen wird. (Walker in Brown 1999)

Nun kommen aber zunehmend erste optimistische Stimmen aus anderen Feldern: Vor kurzem beispielsweise begann der amerikanische Kunsthistoriker John Beardsley seinen Artikel »A Word for Landscape Architecture« mit einer – wie er betonte – extremen und emphatischen Bemerkung: »Landschaftsarchitektur wird sehr bald die bedeutendste der Entwurfsprofessionen sein.« (Beardsley 2000: 58) Anschließend zeigte er an Beispielen der jüngeren Landschaftsarchitektur, dass diese wie keine andere in der Lage ist, mit künstlerischen und technischen Mitteln komplexe kulturelle und ökologische Aufgaben zu bearbeiten.

Eine derart positive Fremdeinschätzung mag viele überraschen – denn theoretisch gerüstet ist die Landschaftsarchitektur für eine so selbstbewusste Position keinesfalls: Es wurde bisher von einem gespaltenen Selbstverständnis gesprochen (Brown 1999) und ein um Jahrzehnte zurückhängendes Theorieverständnis diagnostiziert (Latz in Weilacher 1996: 130), oder gar gleich der Verzicht auf eine eigenständige Theorie der Landschaftsarchitektur propagiert, weil die Profession mit der Architekturtheorie ausreichend bedient sei. (Eisel 2003: 9)

Die vorliegende Arbeit versucht, die Diskrepanz zwischen der diffusen theoretischen Basis und dem beispielsweise von Beardsley klar herausgestellten praktischen Potential der Landschaftsarchitektur zu überwinden. Da eine kausalanalytische Weltsicht aufgrund des hybriden Charakters der Profession hier nicht weiterhelfen kann, soll eine Beziehung zwischen Gegenstand (Landschaft) beziehungsweise Handlungsweise (Entwerfen) der Landschaftsarchitektur und den Wissenschaften des Komplexen hergestellt und anschließend eine Metatheorie des »komplexen landschaftsentwerfens« vorgeschlagen werden. Ziel ist ein Verständnis, das den hybriden Charakter der Landschaftsarchitektur nicht als problematische Diffusität betrachtet, sondern als ihr herausragendes Kapital, das Beiträge leisten kann zur Lösung komplexer, kultureller und ökologischer Fragen.

Das erste Kapitel beginnt mit einer knappen Darstellung der Wissenschaften des Komplexen. Auf mathematische Formeln wird hier verzichtet, aber einige Theorien werden detaillierter vorgestellt, weil sonst die Tragweite dieser Entwicklungen nicht deutlich werden kann. Die am Ende des Kapitels herausgearbeiteten wissenschaftstheoretischen Konsequenzen der Komplexitätsforschung bilden das Fundament für die folgenden Kapitel, denn daran wird eine neue Weltsicht bzw. Wissensproduktion deutlich: Sie lässt erstaunliche Parallelen zur Landschaftsarchitektur erkennen.

Im zweiten und dritten Kapitel werden jeweils eigenständige Metatheorien für »Landschaft« und »Entwerfen« entwickelt. Sowohl für die Landschaft als eine Mischung aus objektiven Dingen und subjektiver Wahrnehmungsleistung als auch für das Entwerfen mit seiner Integration analytischer und intuitiver Elemente konnten innerhalb des kausalanalytischen Paradigmas keine schlüssigen Theorien entwickelt werden.

Inwieweit eine komplexe Denkweise und ihre wissenschaftstheoretischen Konsequenzen einen Beitrag zu einem neuen, klaren theoretischen Profil dieser beiden für die Landschaftsarchitektur essentiellen Konzepte leisten können, wird am Ende der beiden Kapitel dargestellt.

Die ersten drei Kapitel bilden damit einen Block jeweils eigenständiger Metatheorien. Der Aufbau dieser Kapitel folgt dem gleichen Prinzip: Zuerst werden im »Ausgang« die Ursprünge der

Einleitung 15

jeweiligen Konzepte dargestellt. In der anschließenden »Ausweitung« werden Neuerungen, Erweiterungen oder Umbrüche geschildert, die in allen drei Fällen in den 1980er und 1990er Jahren stattfanden. Im abschließenden »Ausblick« werden die aktuellen Entwicklungen beschrieben und zukünftige Möglichkeiten skizziert.

In diesen ersten drei Kapiteln sind die Bezüge zur Landschaftsarchitektur bewusst zurückhaltend eingeflochten, um den eigenständigen und umfassenden Charakter der jeweiligen Metatheorie zu verdeutlichen und nicht eine voreilige und verkürzende Instrumentalisierung auf die Landschaftsarchitektur hin zu suggerieren. Erst im vierten Kapitel werden diese drei Ebenen, die die Denkweise (komplex), den Gegenstand (Landschaft) und die Handlungsweise (Entwerfen) von Landschaftsarchitektur versammeln, zu einer Metatheorie der Profession verknüpft. Diese stellt keinen radikalen Umbruch für die Praxis der Landschaftsarchitektur dar, sondern kann die bisherigen Tätigkeitsfelder integrieren. Nach langen Jahren eines diffusen Selbstverständnisses erlaubt sie wieder eine angemessene Positionierung und Orientierung. Darüber hinaus bietet sie eine integrative Perspektive, die das weite Spektrum der Profession als Ort produktiver Spannung versteht – eine derartige Perspektive eröffnet neue Möglichkeiten für die Landschaftsarchitektur.

1. Komplexität

»Je komplexer der Organismus ist, desto freier ist er auch.«
Francois Jacob (1972: 205)

Seit die ersten Kanäle, Mauern und Pflanzen der »Paradiesgärten« in die Ebenen des Zweistromlandes gesetzt wurden, ist Komplexität ein ständiger Wegbegleiter landschaftsarchitektonischen Schaffens. Mit der Integration einer Vielzahl von Ebenen wie Wasserhaushalt, Materialeigenschaften, Pflanzenwachstum oder Symbolik ist die Landschaftsarchitektur seit jeher eine der synthetischsten, komplexesten Praktiken des Menschen. Den Landschaftsarchitekten eine komplexe Denkweise zuzusprechen ist daher ebenso selbstverständlich wie notwendig.

Die theoretische Reflexion dieser Denkweise hat durch Entwicklungen in den Naturwissenschaften innerhalb der letzten Jahrzehnte, die als »Wissenschaften des Komplexen« zusammengefasst werden, neue Anhaltspunkte gewonnen. In ihren wissenschaftstheoretischen Konsequenzen bieten diese Erkenntnisse den Landschaftsarchitekten einen neuen Denkansatz, aus dem heraus sich auch ein neues Selbstverständnis für das Fach entwickeln kann. Während bislang der hohe Grad an Komplexität und Nicht-Verallgemeinbarkeit landschaftsarchitektonischer Projekte inkompatibel mit den klassischen Standards der Wissenschaft wie Vorhersagbarkeit oder Verallgemeinbarkeit war und die Profession im wissenschaftlichen Abseits stehen ließ (Gleiches gilt für verwandte Disziplinen wie z. B. die Architektur), kann Landschaftsarchitektur inzwischen als Produzent wissenschaftlichen Fortschritts verstanden werden.

Das setzt ein erweitertes Verständnis von Wissenschaft voraus, und genau das hat sich, ausgehend von den »Wissenschaften des Komplexen«, in den letzten Jahren entwickelt. Aus diesem erweiterten Verständnis heraus, das sich an der »evolutionären Weltsicht« oder der »Modus 2-Wissensproduktion« (Poser bzw. Nowotny et al., siehe 1.3) orientiert, wird hier die These aufgestellt, dass Landschaftsarchitektur eine innovative Form von Wissenschaft sein kann. Um diese wissenschaftstheoretische These verständlich zu machen, ist ein kurzer Exkurs in die jüngere Geschichte der Naturwissenschaften notwendig. Das Kapitel beginnt daher im »Ausgang« (1.1) mit einer knappen Skizze der Wissenschaften des Komplexen, deren Ergebnisse den Alleinvertretungsanspruch des klassischen, mechanistischen Weltbilds der Naturwissenschaften radikal in Frage stellt. In der »Ausweitung« (1.2) wird gezeigt, dass diese Erkenntnisse nicht auf den engen Kreis der Naturwissenschaften beschränkt bleiben, sondern erfolgreich auf eine Vielzahl von Wissenschaftsdisziplinen übertragen werden können und von allgemeiner kultureller Bedeutung sind. Im »Ausblick« (1.3) werden wissenschaftstheoretische Einordnungsversuche dieser Entwicklungen beschrieben, deren Ergebnisse von unmittelbarer Relevanz für eine Neupositionierung der Landschaftsarchitektur innerhalb der Wissenschaftslandschaft sind.

1.1 Ausgang

»Diese Dinge sind so bizarr, daß ich´s nicht ertrage, weiter darüber nachzudenken«, meinte am Ende des 19. Jahrhunderts der große französische Mathematiker und Physiker Henri Poincaré (zitiert nach: Briggs/Peats 1990: 38), nachdem er entdeckt hatte, dass winzige Störungen eines dritten Körpers die Bahnen von zwei Körpern durch Rückkoppelungen vollkommen durcheinanderwirbeln können. Poincarés Verzweiflung ist verständlich, stellten doch seine Berechnungen zum Dreikörperproblem die Stimmigkeit des Newton´schen Modells des Sonnensystems in Frage. Mit Hilfe von Newtons Gleichungen ließen sich für jedes idealisierte Zwei-Körper-System die Planetenbahnen exakt bestimmen, das Sonnensystem schien wie ein präzises, stabiles Uhrwerk zu laufen.

Poincarés nichtlineare Berechnungen machten nun ein instabiles Sonnensystem vorstellbar, das durch die Komplexität der gegenseitigen Anziehungskräfte in chaotische Bahnen driften könnte. Diese Vorstellung war furchterregend und widersprach dem allseits akzeptierten mechanistischen Weltbild Newtons so grundsätzlich, dass nicht nur Poincaré darauf verzichtete, sie weiterzudenken.

Was bedeutet in diesem Zusammenhang »Nichtlinearität«? Coveney und Highfield geben folgende exemplarische Beschreibung, um den Unterschied zwischen linearen und nichtlinearen Phänomenen anschaulich zu machen: »›Linearität‹ ist ein mathematischer Ausdruck für ein Verhalten, das man graphisch durch eine gerade Linie wiedergeben kann und das auf der direkten Proportionalität zwischen zwei Größen beruht. Für ein lineares System gilt nun, daß sein Gesamtverhalten die Summe des Verhaltens seiner Teile ist; bei einem nichtlinearen System dagegen stellt das Gesamtverhalten mehr dar als die Summe seiner Teile.

Man kann sich den Unterschied deutlich machen, indem man eine Reihe gewöhnlicher Haarföne mit dem vierten Reaktorblock in Tschernobyl vergleicht. Nimmt man nicht einen, son-

Komplexität – Ausgang

dern zwei Föne, so erwartet man die doppelte Wärmeleistung, bei fünf Fönen die fünffache usw. Offensichtlich gibt es hier eine lineare Beziehung zwischen der Zahl der Föne und der Wärmeleistung. Beim Tschernobyl-Reaktor hingegen bewirkte die Überhitzung des Reaktorkerns eine Steigerung der Kettenreaktion, die ihrerseits die Wärmeentwicklung verstärkte. Die dadurch entstehende Hitzewelle, die in keinem Verhältnis mehr zur ursprünglichen Wärmeentwicklung stand, ist ein Beispiel für einen Prozeß, der als nichtlineares positives Feedback bezeichnet wird.« (Coveney/Highfield 1994: 204)

Erst in den 1960er Jahren wurde an Poincarés offen gebliebene nichtlineare Berechnungen angeknüpft. Die Ursache für diese lange Warteschleife war, dass die Computer erst zu diesem Zeitpunkt leistungsfähig genug geworden waren, um durch Berechnungen das Verständnis nichtlinearer Prozesse auf ein neues Niveau zu heben.

Deterministisches Chaos

1960 entdeckte der amerikanische Meteorologe Edward Lorenz bei Computersimulationen eines von ihm entwickelten globalen Wettermodells, das auf streng mathematischen, deterministischen Regeln beruhte, dass schon geringste Abweichungen bei den Ausgangsbedingungen große Auswirkungen auf die Wetterentwicklung haben. Er gab jeweils die gleichen Daten für Temperatur, Luftdruck und Windrichtung in sein Wettermodell ein und rundete sie einmal nach der dritten Dezimalstelle, das andere Mal nach der sechsten Dezimalstelle. Die Ergebnisse unterschieden sich nicht, wie erwartet, geringfügig voneinander, sondern waren völlig verschieden. Die bislang herrschende Ansicht, dass geringe Verschiebungen in den Ausgangsbedingungen auch nur geringe Auswirkungen auf den weiteren Verlauf eines Systems haben, galt nun nicht mehr. Die Vorhersagefähigkeit wissenschaftlicher Gesetze war in Frage gestellt. Lorenz nannte dieses Phänomen den »Schmetterlingseffekt«: Der Flügelschlag eines Schmetterlings in Hongkong könne ein Gewitter in New York verursachen. Der Schmetterlingseffekt beschreibt das »deterministische Chaos«, d. h. Systeme können trotz Anwendung deterministischer Gesetze einen prinzipiell unvorhersagbaren Verlauf nehmen. Der Bremer Mathematiker Heinz-Otto Peitgen ordnet diese Erkenntnisse folgendermaßen ein: »Es gibt deterministische Gesetze, die die Möglichkeit der Prognose nach wie vor beinhalten, aber es gibt auch deterministische Systeme, und das scheint für überraschend viele Systeme der Fall zu sein, in denen die Prognose langfristig nicht möglich ist.« (Peitgen 1993: 112) Gesetzmäßigkeit heißt also nicht unbedingt Prognostizierbarkeit – eine Erkenntnis, die den Determinimus des mechanistischen Weltbildes radikal in Frage stellt. Die Hoffnung der Physiker, die sogenannten »Dreckeffekte« von undurchschaubarer Komplexität durch genauere Mess- oder Berechnungsmethoden irgendwann linearisieren zu können, kann sich prinzipiell nicht erfüllen – Ungewissheit wird zum Leidwesen der klassischen Naturwissenschaftler zu einer wissenschaftlichen Gewissheit.

Lorenz´ Schmetterlingseffekt war der Beginn der »Chaosforschung«, die ihren populären Höhepunkt in den 1970er und 1980er Jahren hatte und hier eher metaphorisch gegen die Auswüchse von planerischen Allmachtsphantasien eingesetzt wurde. In den Wissenschaften wurde jedoch schon in den 1960er Jahren erkannt, dass das reine Chaos, ebenso wie starre Ordnung, ein wenig hilfreicher Extremzustand ist. Die kurzfristige Faszination der Forscher für das Chaos wich einer neuen Fragestellung: Wie kommt es trotz der Möglichkeit zum deterministischen Chaos zu der relativ stabilen Formen- und Strukturvielfalt in der Natur? Wie entsteht *Ordnung* in nichtlinearen Prozessen? Auf der Suche nach Antworten entwickelten sich eine Vielzahl von Theorien, die sich dadurch auszeichneten, die klassischen wissenschaftlichen Kriterien wie Vorhersagbarkeit oder zeit- und kontextlose Gültigkeit von Gesetzen radikal in Frage zu stellen. Zwei dieser Theorien sollen hier vorgestellt werden.

Theorie dissipativer Strukturen

I-1: »Benard-Instabilität«

Der zweite Hauptsatz der Thermodynamik besagt, dass in geschlossenen Systemen die Entropie, als Maß für Unordnung, nicht abnehmen kann. Mit anderen Worten: Wenn in geschlossenen Systemen eine geordnete Struktur zerfällt, wird sie ohne Nachhilfe von außen nicht wieder in einen geordneten Zustand gelangen können. Beispielsweise wird sich ein zerbrochener Krug nicht durch Schütteln der Scherben selbst wieder zusammenfügen. Dieser zweite Hauptsatz führte zu der pessimistischen Vorstellung des irgendwann eintretenden »Wärmetodes« des Universums, weil die Entropie prinzipiell nur zunehmen kann. Der Wärmetod als Zustand maximaler Entropie ist ein Gleichgewichtszustand – die Moleküle sind gelähmt oder bewegen sich nur zufällig, sie sind eine »strukturlose Suppe«. (Briggs/Peat 1990: 201) Für offene Systeme, die Energie und Materie von außen aufnehmen und in anderer Form wieder abgeben, gilt dieser zweite Hauptsatz nicht. Sie befinden sich nicht in starren Gleichgewichtszuständen, sondern in Fließ- oder Nichtgleichgewichtszuständen. Diesen offenen Systemen im thermodynamischen Nichtgleichgewicht widmete sich seit den 1940er Jahren der Chemiker und spätere Nobelpreisträger Ilya Prigogine. Eines seiner Lieblingsbeispiele, wie trotz ständiger Energiezufuhr aus Unordnung Ordnung entstehen kann, ist die »Benard-Instabilität«: Beim Erhitzen einer dünnen Silikonölschicht in einer Petrischale entstehen zunächst ungeordnete Wirbel und Strudel, bis an einem bestimmten Schwellenwert spontan ein geordnetes Wabenmuster entsteht. »Millionen und Abermillionen von Molekülen bewegen sich in kohärenter Weise und bilden sechseckige Konvektionszellen von charakteristischer Größe.« (Prigogine/ Stengers 1990: 151) Prigogine prägte in den 1960er Jahren für diese Phänomene, wo durch Selbstorganisation in Nichtgleichgewichtszuständen Ordnung entsteht, den Begriff »dissipative Strukturen«: »Der Name leitet sich davon her, daß Städte und Wirbel und Schleimpilze, um sich zu entwickeln und ihre Gestalt zu behalten, Energie und Materie verbrauchen. Es sind offene Systeme, die Energie aus der Außenwelt beziehen und Entropie produzieren, d. h. Abfallenergie, die sie in die Umgebung zerstreuen oder dissipieren. (...) Der Name *dissipative Struktur* drückt ein Paradox aus, das im Mittelpunkt von Prigogines Vision steht. Dissipation lässt an Chaos und Auseinanderfallen denken; Struktur ist das Gegenteil davon. Dissipative Strukturen sind Systeme, die ihre Identität nur dadurch behalten könne, daß sie ständig für die Strömungen und Einflüsse ihrer Umgebung offen sind.« (Briggs/ Peat 1990: 207)

Fraktale Geometrie

Dieses Forschungsfeld ist eng mit dem Namen Benoit Mandelbrots verknüpft, der lange Zeit als mathematischer Außenseiter galt, da er sich mit ungewöhnlichen Themen beschäftigte. 1967 veröffentlichte er beispielsweise einen Aufsatz mit dem Titel »Wie lang ist die Küste Großbritanniens?«, in dem er nachwies, dass dies grundsätzlich eine Frage des Maßstabes ist: Je feiner der Maßstab, d. h. je mehr Ausbuchtungen (bis über das Sandkorn hinaus zum Atom usw.) man mitmisst, desto mehr nähert sich die Küstenlänge der Unendlichkeit – obwohl die Fläche des Landes endlich ist. Diese Länge ist also weder eine Linie (mit der mathematischen Dimension 1) noch eine Fläche (mit der mathematischen Dimension 2). Mandelbrot fand heraus, dass solche natürlichen Objekte im Gegensatz zu den geometrischen Grundelementen keine ganzzahligen Dimensionen haben, sondern einen Wert dazwischen (für die Küstenlinie etwa 1,5). Diese Objekte nannte Mandelbrot aufgrund ihrer gebrochenen Dimension »fraktal«. Diese »zerklüfteten« Muster kann man nicht nur in der Natur beobachten, wie z. B. auch bei Wolkenformen oder Pflanzengestalten, sondern sie lassen sich auch mathematisch erzeugen. Ein einfaches Beispiel ist die vom schwedischen Mathematiker Koch 1904 beschriebene »Koch-Kurve«: Einem Dreieck mit der Seitenlänge 1 und Umfang 3 wird in der Mitte jeder der drei Seiten ein Dreieck mit der Seitenlänge 1/3 zugefügt. Damit wird jede Seite um 1/3 länger,

I-2: Koch-Kurve

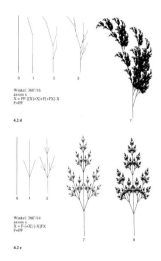

I-3: Die ständige Rückkoppelung einfachster Operationen, bei denen das Ergebnis der Operation Ausgangspunkt für die folgende, gleiche Operation ist, lässt komplexe Strukturen entstehen. In der Natur scheinen bei Wachstumsprozessen ähnliche Prinzipien wirksam zu sein. Die Zahlen unter den »Grashalmen« geben jeweils an, wie oft eine immer gleichbleibende Rechenformel auf das Ausgangsergebnis angewendet worden ist.

so dass der Gesamtumfang nun 3 x 4/3 beträgt. Dieser Vorgang kann beliebig oft wiederholt werden und der Umfang wird, ähnlich der Küstenlinie, unendlich groß.

Diese und andere um 1900 auftauchenden Kurven wurden von den Mathematikern der damaligen Zeit aufgrund ihrer Nicht-Differenzierbarkeit als »Monster« bezeichnet, denn sie waren mit der herrschenden Vorstellung, dass man mit der Differentialrechnung grundsätzlich alle Bewegungen und Veränderungen beschreiben könnte, nicht vereinbar. (Kriz 1992: 47f.)

Inzwischen hat man mit ähnlich einfachen mathematischen Formeln, die immer nur auf sich selbst angewandt werden, täuschend »natürliche« Gebirge oder Pflanzen visualisieren können.

Zusammenfassend lässt sich sagen, dass durch die fraktale Geometrie erstmals eine mathematische Annäherung an die komplexen Formen der natürlichen Alltagswelt wie Wolken, Pflanzen oder auch Landschaften möglich geworden ist. Die Forschungsergebnisse zeigen, dass auch diese auf den ersten Blick regellosen Strukturen einem definierbaren, spezifischen Ordnungsprinzip unterliegen.

Diese und weitere Theorien (z. B. Autopoiese, Synergetik oder Hyperzyklus; gute Einführungen hierzu z. B. bei Paslack 1991), die Ende der 1960er Jahre entstanden, befassten sich mit der Frage, wie geordnete Strukturen aus dem Chaos entstehen können. Allen gelang es mit Hilfe leistungsstarker Computer, Komplexität mathematisch zu beschreiben. Teilweise waren die dabei entdeckten Formeln, obwohl unabhängig voneinander in den unterschiedlichen Wissenschaftszweigen entwickelt, exakt gleich. Diese erstaunlichen Parallelen wurden in den 1970er Jahren dann langsam entdeckt, und den Forschern wurde »sehr rasch klar, daß ihre Theorien nicht bloß Spezialprobleme ihrer jeweiligen Disziplin lösten, sondern offenbar in der Lage waren, Selbstorganisationsprozesse unterschiedlichster Art zu erklären. Offenbar lagen diesen neuen Ansätzen sehr viel tiefer liegende Prinzipien zugrunde, als zunächst vermutet.« (Paslack 1991: 174) Diese fachübergreifenden Erkenntnisse wurden im deutschsprachigen Raum zuerst unter dem Oberbegriff »Selbstorganisation« zusammengefasst, während sich im englischsprachigen Raum »Complexity« durchsetzte. In den aktuellsten Veröffentlichungen hat inzwischen auch in Deutschland »Komplexität« bzw. »Komplexitätstheorie« die Selbstorganisation aus den Titelzeilen verdrängt. (z. B. Mainzer 1999, Riedl 2000)

Dreiklang der Komplexität

Bevor nun ein Versuch unternommen wird, die Forschungsergebnisse der Wissenschaften des Komplexen zusammenzufassen, soll noch kurz auf den Begriff »Komplexität« eingegangen werden. Das Adjektiv »komplex« bedeutet »zusammenhängend, umfassend«

Komplexität – Ausgang

und weist im Sinne seiner lateinischen Wurzel (*complexus*: verknüpft) auf Ordnung hin. Im Gegensatz dazu steht »kompliziert« (lt. *complicare*: verwickelt) für Verwirrung und Unordnung.

Das Substantiv »Komplexität« kann als der Zusammenhang »von vielen, voneinander abhängigen Merkmalen in einem Ausschnitt der Realität« definiert werden. (Dörner 1992: 60)

Diese Definition deutet schon auf die Qualitäten des Begriffes hin:

Zum einen steht das verknüpfte, nicht-reduzierbare Ganze im Vordergrund statt der Reduktion auf Teile wie in der klassischen Physik, zum anderen besitzt der Begriff die nötige Allgemeinheit, so dass sich Erkenntnisse verschiedenster Disziplinen unter seinem Dach versammeln können.

In den letzten zwei Jahrzehnten sind die Forschungen auf dem Gebiet der »Komplexität« enorm ausgedehnt worden, gleichzeitig erschienen Bücher, die die Zusammenhänge der Ergebnisse aus den vielen Disziplinen übergreifend beschreiben (u. a. Nicolis/Prigogine 1987; Lewin 1993; Gell-Mann 1996; Mainzer 1996). Die für alle komplexen Systeme geltenden Eigenschaften werden im folgenden beschrieben und für diese Arbeit in einem »Dreiklang« aus Unvorhersagbarkeit, Prozessualität und Relationalität zusammengefasst:

Unvorhersagbarkeit

Die Untersuchung komplexer Systeme zeigt, dass auch bei genauer Kenntnis der Dynamik der einzelnen Teile durch die nicht-linearen Wechselwirkungen zwischen ihnen ein unvorhersagbares Ganzes entstehen kann, weil der Anfangszustand, der Quantentheorie folgend, nicht mit beliebiger Genauigkeit bestimmbar ist. Diese Qualität ermöglicht »Emergenz«, das Auftauchen von neuen Eigenschaften und Verhaltensmustern. »Diese sogenannten *emergenten Eigenschaften* sind wahrscheinlich das herausragendste Unterscheidungsmerkmal komplexer Systeme. Jeder Wasserhahn veranschaulicht diese allgemeine Idee, denn die Bestandteile des Wassers – Wasserstoff und Sauerstoff – sind leicht entzündliche Gase, aber deren Verbindung ist es nicht. Die Eigenschaften, flüssig und nicht-brennbar zu sein, sind emergente Eigenschaften, die aus der Interaktion der Wasserstoff- und Sauerstoffagenten resultieren.« (Casti 1996) Andere Beispiele für die unvorhersagbare Emergenz neuer Eigenschaften ist die Entstehung von Lawinen oder Erdbeben: An einem kritischen Punkt schlägt das Verhalten der wechselwirkenden Teile um. Diesen Punkt zu bestimmen bleibt prinzipiell unvorhersagbar – aber mit Hilfe der Komplexitätstheorie kann nun versucht werden, diesen Prozess zumindest zu erklären. Mit der prinzipiellen Anerkennung von Unvorhersagbarkeit und der Skepsis gegenüber einer determinierten Welt spricht Prigogine vom »Ende der Gewissheit« und meint damit, dass wir zu einer neuen Form der Rationalität kommen werden: »Einer Rationalität oder Vernunft, in der wissenschaftliche Wahrheit nicht im Gewissen oder Determinierten besteht, und in der das Indeterminierte und Ungewisse nicht als Unwissenheit gilt. Und zwar deshalb nicht, weil es in der Natur, die wir beschreiben, Freiheit gibt, die ihrerseits jene innere Freiheit ermöglicht, die wir empfinden.« (Prigogine 1999: 46)

Prozessualität

Die Tatsache, dass unsere Welt prozesshaft verfasst ist, dass die Zeit voranschreitet, dass ich morgen ein Anderer bin als heute und nicht mehr zurück kann, ist für den gesunden Menschenverstand eine Selbstverständlichkeit. Nicht so für die klassische Physik – hier ist Zeit umkehrbar, reversibel. Die linearen, deterministischen Gesetze bringen es mit sich, dass das Naturgeschehen genauso gut »rückwärts« gelesen werden kann – die Zukunft kann zur Vergangenheit werden und genauso umgekehrt (Beispiel: Stoßgesetze). Die Unterscheidung von Vergangenheit, Gegenwart und Zukunft ist somit nicht existent, es herrscht »Zeitlosigkeit«. Einstein beispielsweise schrieb in einem Brief an die Schwester seines gerade verstorbenen engsten Jugendfreundes: »Nun ist er mir auch mit dem Abschied von dieser Welt ein wenig vorausgegangen. Dies bedeutet nichts. Für uns gläubige Physiker hat die Scheidung zwischen Vergangenheit, Gegenwart und Zukunft nur die Bedeutung einer wenn auch hartnäckigen Illusion.« (zit. n. Prigogine/Stengers 1990: 286) Zusammen mit dem zweiten Hauptsatz gelingt es nun mit den Untersuchungen von komplexen Systemen, diese »Illusion« als physikalische Tatsache zu akzeptieren. In dissipativen Systemen schreitet die Zeit irreversibel voran, das »bedeutet, daß sich die Entstehensvorgänge weder am gleichen Weg zurückführen noch wiederholen lassen. Sie haben vielmehr Phasenübergänge durchlaufen, die selbst einmalig, in der Regel weder aufschließbar noch wiederholbar sind.« (Riedl 2000: 4) Auch für Prigogine ist die Wiederentdeckung der Zeit das zentrale Thema der Wissenschaften des Komplexen: »Im Grunde genommen besteht mein ganzes Werk in gewisser Weise darin, den Pfeil der Zeit zu rehabilitieren, und zwar nicht von der Metaphysik, sondern von den Gesetzen der klassischen Physik oder der Quantenphysik ausgehend.« (Prigogine 1999: 42) Dieser »Pfeil der Zeit« bedeutet die historische Einmaligkeit eines jeden Zustandes. Gibt es überhaupt noch zeitlose, ewig gültige Gesetze? Auch hier nehmen die Zweifel zu, die selbst vor Newtons Gravitationskonstante nicht halt machen, die nach Meinung einiger Forscher zeitlich variiert. (Rauner 2003)

Relationalität

Die Essenz komplexer Systeme liegt in der Interaktion ihrer Teile. Ihre Eigenschaften emergieren aus diesen Interaktionen, was zum Beispiel die o. g. Benard-Instabilität zeigt. Die ausschließliche Untersuchung der einzelnen Teile ist demnach ein sinnloses Unterfangen, wenn man komplexe Systeme verstehen will. Diese Relationalität ist auch die Voraussetzung für die Adaptivität der komplexen Systeme. Der ständige Austausch von Energie, Materie oder Information bewegt gleichsam das dynamische Netzwerk der Relationen, es kann flexibel auf die Art des Inputs reagieren und sich anpassen. Hierfür gibt Casti (1996) folgendes Beispiel: »Komplexe Systeme sind oft aus vielen intelligenten Agenten zusammengesetzt, die auf der Grundlage von unvollständigen Informationen über das ganze System Entscheidungen treffen und handeln. Überdies können diese Agenten ihre Entscheidungsregeln auf der Grundlage solcher Informationen ändern. Ein Fahrer in einem Netzwerk von Straßen oder ein Händler auf einem Finanzmarkt sind dafür ein gutes Beispiel, da der Agent in beiden Fällen nur unvollständige Informationen über das System erhält, dessen Bestandteil er ist – Verkehrsverhältnisse beim Fahrer, Preise und Marktentwicklungen beim Händler –, und auf der Grundlage dieser Informationen handelt. Als Ergebnis dieser Handlungen gewinnen beide Informationen darüber, was der Rest des System – die anderen Fahrer oder Händler – machen. Dann kann der Agent dementsprechend seine Entscheidungsregeln abändern. Kurz, komplexe Systeme besitzen die Fähigkeit, ihre Umwelt zu erkennen und ihre Reaktionen auf sie im Licht neuer Informationen zu verändern.

Nebenbei möchte ich betonen, daß Menschen nicht die einzigen Agententypen sind, die hierzu gehören. Auch Moleküle, Verbände und lebendige Zellen zeigen sich als intelligente und anpassungsfähige Agenten, die ihr Verhalten in Reaktion auf Veränderungen ihrer Umwelt ändern können.«

Dieses Beispiel zeigt, dass Relationalität das Eingebundensein in ein raumzeitliches Netzwerk bedeutet. Angesichts der hier von Casti suggerierten prinzipiellen Ähnlichkeit zwischen physikalischen/biologischen und humanen Systemen (auch Prigogine vermittelt diese Auffassung) soll darauf hingewiesen werden, hier vorsichtiger zu argumentieren, denn bei Letzteren kommt mit Intentionalität etwas fundamental Neues hinzu.

Zusammenfassend bedeutet Relationalität, dass Ereignisse in einen spezifischen Kontext eingebunden sind und nur aus diesem Kontext heraus verständlich sind.

Dieser Dreiklang aus Unvorhersagbarkeit, Prozessualität und Relationalität, der im Übrigen nur einen von vielen Versuchen darstellt, die Eigenschaften von Komplexität zu bündeln (vgl. Riedl

Komplexität – Ausgang

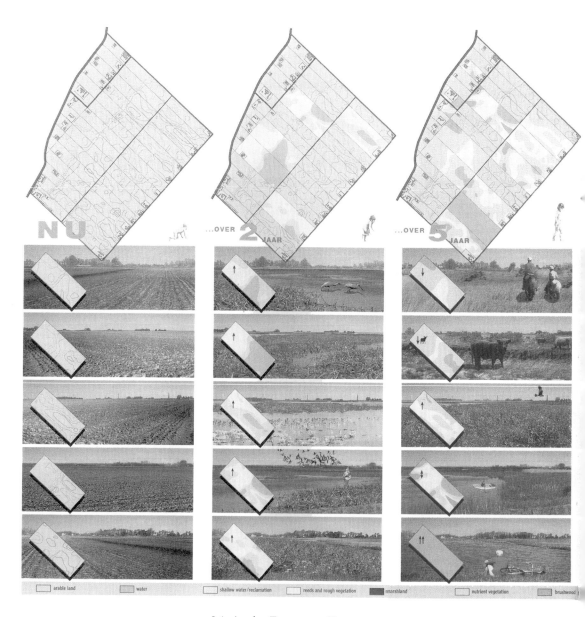

I-4: »Aus dem Ton gezogen«, Vista

Komplexität – Ausgang

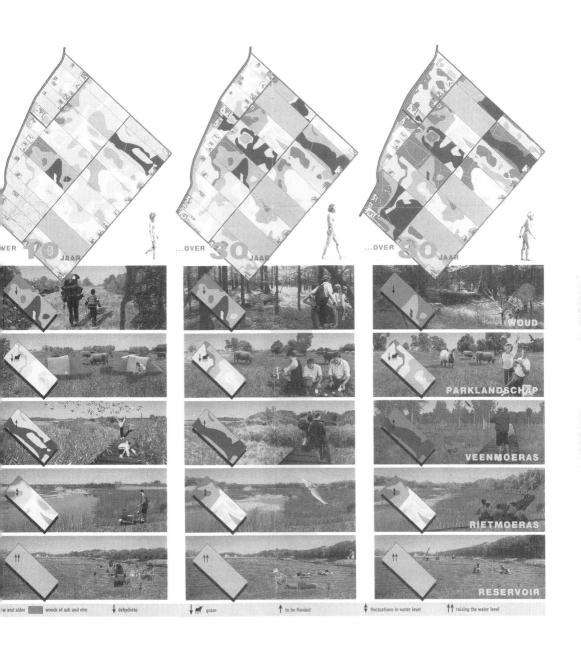

2000, Casti 1996, Lewin 1993 u. v. a. m.), deutet den übergeordneten Charakter des Konzeptes »Komplexität« an, denn die beschriebenen Qualitäten lassen sich nicht auf bestimmte Disziplinen eingrenzen. Helga Nowotny nennt Komplexität daher, im Gegensatz zu exklusiven wissenschaftlichen Weltbildern und Erklärungsmodellen, eine »übergreifende Kategorie«. Die Bedeutung von Komplexität »beschränkt sich nicht auf einen Bereich, sondern ihre Manifestationen werden sowohl in Natur und Gesellschaft als auch in der Kunst entdeckt.« (Nowotny 1999: 39)

Die Akzeptanz der übergreifenden Qualitäten der Komplexitätstheorie kann nach Helga Nowotnys Meinung »auch als eine jener subtilen Verschiebungen interpretiert werden, durch die eine Sichtweise der Welt, mit der vorwiegend Homogenität angestrebt wurde, transformiert wird in eine, die sich anschickt, mit der vorherrschenden Heterogenität leben zu lernen. (...) Sie wurde als lang erwartete Bestätigung tiefsitzender Vorbehalte gegen die übertriebenen Vorstellungen wissenschaftlicher Vorhersagekraft angesehen. (...) Epistemologisch gesprochen, war die robuste Verbindung zwischen Determinismus und Vorhersagefähigkeit aufgelöst.« (ebd.: 41)

Poincarés eingangs zitierte Bemerkung der unerträglichen Bizarrheit komplexer Phänomene vom Ende des 19. Jahrhunderts kann heute durch die Wissenschaften des Komplexen einer neuen Wahrnehmung weichen: »Komplexität ist nun kein Hindernis für die Erkenntnis und erst recht kein bloß deskriptives Urteil mehr; vielmehr ist sie zu einem ausgezeichneten Hilfsmittel des Wissens und der Erfahrung geworden.« (Serres zit. n. Jonas 2002b)

Für die Landschaftsarchitektur hat das durch die Komplexitätswissenschaften entwickelte, produktive Verhältnis gegenüber Unvorhersagbarkeit, Prozessualität und Relationalität positive Auswirkungen. Es zeigt sich beispielsweise eine Tendenz weg vom konservierenden, statischen Naturschutz hin zu einer ergebnisoffenen Naturentwicklung. (den Ruijter 1999: 32) Am Projekt »Aus dem Ton gezogen« des niederländischen Büros »Vista« kann diese neue Haltung exemplarisch verdeutlicht werden. (s. Abb. I-4)

In ihrer Studie für ein 500 Hektar großes Poldergebiet in Haarlemmermeer schaffen sie durch eine strategische Manipulation des Wasserniveaus die Möglichkeit einer heterogenen Naturentwicklung. Je nachdem, wieviel Wasser zu- oder abgeführt wird, entwickelt sich in den jeweiligen Poldern ein unterschiedlicher Landschaftstyp: Bei abgesenktem Grundwasserstand entstehen entweder Wälder oder, in Kombination mit Weidenutzung, Wiesen. Eine kontinuierlich oberflächennaher Wasserstand führt zu Torfmarschen, während in Poldern mit fluktuierenden Wasserständen Schilfmarschen entstehen. Eine generelle Hebung des Wasserstandes ergibt als fünften Typ eine Seenlandschaft.

Diese Strategie garantiert eine hohe Biodiversität und ein vielfältiges Landschaftsbild, ohne den exakten räumlichen oder zeitlichen Verlauf der Entwicklungen vorhersagen zu können. »Das

Komplexität – Ausweitung

Besondere an dieser Methode ist die Tatsache, daß kein Endstadium erstrebt wird. Die Planung gibt vor allem Rahmenparameter vor, innerhalb derer sich die Naturgebiete auf Grundlage der natürlichen und anthropomorphen Gegebenheiten entwickeln können. Es entsteht hierdurch eine Art selbstverständlicher Ordnung sowie ein Kontrast zwischen geradlinigen und spontanen Formen.« (den Ruijter 1999: 36)

Mit dem Zulassen von Ungewissheit, dem Zelebrieren von Prozessen und einem gestalterisch produktiven Ausnutzen der vielfältigen Relationen zeigt dieses Projekt, wie die aktuelle Landschaftsarchitektur die Klaviatur des Dreiklangs der Komplexität spielen kann.

1.2 Ausweitung

Komplexität mit dem hier formulierten Dreiklang aus Unvorhersagbarkeit, Prozessualität und Relationalität steht dem klassischen physikalischen Weltbild mit seinen Zielen von prinzipieller Vorhersagbarkeit, Zeitlosigkeit und Allgemeingültigkeit diametral entgegen. Die neuen Erkenntnisse, die für eine Vielzahl von Disziplinen Gültigkeit haben, lösten ab den 1980er Jahren eine Euphorie in Teilen der Wissenschaftsgemeinde aus. Man sprach enthusiastisch von einem neuen Paradigma für die Wissenschaften (z. B. Niedersen/Pohlmann 1990, Geleitwort) oder einer neuen Einheitswissenschaft (z. B. Waldrop 1992). Fachübergreifende Forschungsinstitute wie das »Santa Fe Institute« entstanden, Zeitschriften und Jahrbücher wurden gegründet und Frank Schirrmacher, Herausgeber der »Frankfurter Allgemeinen Zeitung«, wagte 2000 sogar eine »Feuilletonrevolution«, indem er im klassischen Kulturteil mit Berichten über Innovationen aus den Komplexitätswissenschaften das schweigende Europa »nachschulen« wollte. (Schirrmacher 2001: 22f.)

Im Folgenden sollen zwei Aspekte dieser Ausweitung des Konzeptes »Komplexität« hervorgehoben werden: Zum einen der Versuch, Komplexität als vereinheitlichendes Paradigma für alle Wissenschaftsdisziplinen zu formulieren, zum anderen die Übertragung der Erkenntnisse auf andere Wissenschaftsdisziplinen.

Dritte Kultur – Komplexität als Leitwissenschaft?

In seinem 1995 veröffentlichten Buch »The Third Culture« behauptet John Brockman, dass die Erforschung des Komplexen ganz neue Metaphern schafft, um uns selbst, unser Bewusstsein, das Universum und alle Dinge darin zu beschreiben. Die Komplexitätsforscher selbst stellen für Brockman einen neuen Typ von Intellektuellen dar, die nicht wie die klassischen Intellektuellen fort-schritts- und technikfeindlich sind und in die er große Hoffnungen setzt: »Und die Intellektuellen mit diesen Ideen und Vorstellungen sind es (…), die uns gegenwärtig voranbringen.« (Brockman 1996: 21)

Er bestimmt diese Intellektuellen als Vertreter einer »dritten Kultur« und spielt damit auf zwei Essays von C. P. Snow an, der 1959 die Aufspaltung der intellektuellen Welt in Natur- und Geisteswissenschaften in zwei getrennte Kulturen beklagte und 1963 optimistisch eine »Dritte Kultur« vorschlug, die die Kommunikationsstörungen zwischen diesen beiden Sphären überwinden würde.

Während C. P. Snow die dritte Kultur als gelungenen Dialog beider Sphären betrachtet, hat Brockman nur noch beißenden Spott für die Geisteswissenschaftler über (die er, Snow folgend, »literary intellectuals« nennt). Er bezeichnet sie als »geschwätzige Kaste von Mandarinen«, die über marginale Dinge reden: »Ihre Kultur, die die Naturwissenschaft ignoriert, ist meist nicht empirisch. Sie verwendet ihren eigenen Jargon und kreist nur um sich selbst. Sie beschäftigt sich hauptsächlich mit Kommentaren über Kommentare, und die ansteigende Spirale von Kommentaren erreicht irgendwann den Punkt, wo die reale Welt verloren geht.« (Brockman 1996: 17) Aus diesen Gründen findet nach Brockman der Dialog in der dritten Kultur nicht mehr zwischen Natur- und Geisteswissenschaften statt, sondern die »neuen« Naturwissenschaftler sprechen direkt zur Öffentlichkeit. Als Vertreter der dritten Kultur hat er in seinem Buch demnach auch nur Naturwissenschaftler versammelt. Für ihn ist Naturwissenschaft jetzt die »big story« geworden und das ganze Ausmaß seiner Naturwissenschaftsgläubigkeit wird deutlich, wenn er Stewart Brand zitiert: »Naturwissenschaft ist das einzig Neue. Wenn man Zeitungen oder Magazine anschaut, ist doch das ganze geisteswissenschaftliche Zeug immer das gleiche ›er-sagte-sie-sagte‹, und Politik und Wirtschaft durchlaufen die immer wiederkehrenden, traurigen Dramen (…). Der Mensch ändert sich nicht viel – wohl aber die Naturwissenschaft.« (ebd. 18) Abgesehen von diesem völlig reduzierten Verständnis des Humanen wird er auch der Bandbreite der Wissenschaften des Komplexen nicht gerecht. Die Metaphern des Komplexen, die er exklusiv den Naturwissenschaftlern zuspricht, werden inzwischen erfolgreich auch in den Geisteswissenschaften zur Wissensproduktion genutzt, wie z. B. die deutschen »Jahrbücher zu Komplexität in den Natur-, Sozial- und Geisteswissenschaften« zeigen. Wenn es überhaupt eine neue dritte Kultur mit einer Leitwissenschaft gibt, wird ihre Spannweite größer sein als Brockmans Fassung. Vieles scheint aber nicht auf *eine* Leitwissenschaft, sondern auf moderatere oder auch pluralistischere Versionen hinzuweisen, die Erkenntnisse aus der Komplexitätsforschung in die Wissenschaftslandschaft einzufügen – diese werden im »Ausblick« (1.3) dieses Kapitels angesprochen.

Komplexität als übergreifende Kategorie

Die Erkenntnisse der Komplexitätstheorie im Sinne des o. g. Dreiklangs sind nicht auf bestimmte Disziplinen beschränkt und können für fast jedes Wissenschaftsfeld fruchtbar gemacht werden. Dieses zeigen beispielsweise die o. g., seit 1990 erscheinenden deutschen »Jahrbücher für Komplexität in den Natur-, Sozial- und Geisteswissenschaften« mit ihren Themenheften zu Wirtschaft, Medizin, Psychologie, Geowissenschaften etc. oder die disziplinenunabhängige Organisation des Santa Fe Institutes, dem »spirituellen Zentrum« (Christen 2002) der Komplexitätsforschung.

An zwei Beispielen soll die Bedeutung der Komplexitätstheorie für den disziplinären Wissensfortschritt gezeigt werden: Einerseits die Gehirnforschung als eines der herausragendsten Forschungsfelder unserer Zeit, andererseits die Ästhetik, an der deutlich wird, dass die Komplexitätstheorie die »klassischen« Grenzen zwischen Kunst und Wissenschaft durchlässiger werden lässt.

Komplexität und Gehirnforschung

Das Gehirn als eines der komplexesten Systeme überhaupt fordert die Annahme der Erkenntnisse aus den Komplexitätswissenschaften geradezu heraus. Aber auch hier wurde noch relativ lange Zeit versucht, beim alten mechanistischen Denken zu verweilen und mit linearen, analytischen Verfahren das System zu verstehen. Seit einigen Jahren vollzieht sich allerdings ein Umdenken. Wolf Singer, Leiter des Max-Planck-Institutes für Hirnforschung in Frankfurt, meint: »Wenn ich angeben soll, was sich geändert hat, seitdem ich mit Wissenschaft in Berührung kam, dann gilt zumindest für die Hirnforschung die Erkenntnis, daß alles sehr, sehr viel komplizierter zu werden droht, als wir uns das vor zwanzig Jahren gedacht haben. Wir hatten damals relativ einfache Konzepte. Und jetzt erkennen wir, daß wir diese lineare Welt verlassen und eintreten müssen in die Welt der komplexen Systeme. Wir müssen uns in einer Welt bewegen, in der die Meßdaten, die wir bekommen, analytisch nicht mehr vollständig beschreibbar sind (…). Seitdem wir begonnen haben, uns mit der Dynamik neuronaler Wechselwirkungen zu befassen und mit den Problemen, die mit der hochgradigen Vernetzung von Prozessen im Gehirn einhergehen (…) breitet sich Bescheidenheit aus.« (Singer 2000: 157f.)

Im Gehirn sind eine Billion Nervenzellen durch mindestens eine Trillion Synapsen miteinander verknüpft – ein Netzwerk mit nahezu unbegrenzter Kapazität. Die Nervenzellen unterscheiden sich in ca. 100 verschiedene Typen, die jeweils eine spezifische Kombination von Stoffen zur Erregungsübertragung besitzen und auf ganz spezifische Weise mit den anderen Nervenzellen verknüpft sind; diese eine Billion Nervenzellen sind in ganz bestimmter Weise in den verschiedenen Teilen des Gehirns geordnet.

Lange Zeit hat man geglaubt, dass diese komplexe Ordnung durch die Gene festgelegt sei und durch Entschlüsselung der Gene das Gehirn zu verstehen sei. Inzwischen weiß man, dass eine vollständige genetische Determination angesichts der Vielzahl von Neuronen und Verknüpfungen völlig unmöglich ist. Hierzu schreibt der Direktor des Instituts für Gehirnforschung der Universität Bremen, Gerhard Roth:

»Selbst wenn alle der ein bis wenige Millionen Gene des Menschen zur Ordnungsbildung des menschlichen Gehirns eingesetzt würden, reichte die darin möglicherweise enthaltene Information niemals zur strukturellen und funktionalen Determination des Gehirns aus. Zudem setzt sich in der Genetik und der Entwicklungsbiologie zur Zeit die Meinung durch, daß Gene nur in bestimmten Fällen eine streng determinierende Wirkung haben, sondern daß sie oft nur sehr grobe ›Anweisungen‹ geben, z. B. hinsichtlich der zeitlichen Abfolge der Entwicklungsschritte.« (Roth 1990: 169)

Die entscheidenden Prozesse im Gehirn müssen demnach die nichtlinearen, komplexen Wechselwirkungen zwischen den Synapsen sein. Diese sind gekennzeichnet durch zufällige Bifurkationen, parallele Prozesse in präziser zeitlicher Relation und Einbettung in konkrete Bezüge (Singer 2003) und stellen somit ein gutes Beispiel für den oben genannten komplexen Dreiklang aus Unvorhersagbarkeit, Prozessualität und Relationalität dar.

Bei aller Bescheidenheit, die eine Abkehr von linear-deterministischen Ansätzen notwendigerweise mit sich bringt, hat erst die Akzeptanz von Komplexitätsmodellen zu enormen Erkenntniszuwächsen über die Funktionsweise des Gehirns geführt und die Gehirnforschung zu einem der spannendsten aktuellen Forschungsfelder gemacht.

Es ist weiterhin eine bemerkenswerte Tatsache, dass es in der Forschungspraxis über dieses extrem komplexe System zu Überlagerungen zwischen den zwei Kulturen der Natur- und Geisteswissenschaften kommt, was »Zwitterbezeichnungen« wie Neuropsychologie, Neurolinguistik, Cognitive Neuroscience, Soziobiologie oder Kulturanthropologie zeigen. (Singer 2002: 178) Wolf Singer spricht diesbezüglich aber nicht von einer dritten Kultur, sondern meint, dass natur- und geisteswissenschaftliche Ansätze weiterhin jeweils wichtige Funktionen haben, die Hirnforschung allerdings eine »Brückentheorie« sein könnte, die die Gräben zwischen den Kulturen überwinden helfen könnte. (ebd.: 176f.)

Komplexität und Ästhetik

Lassen sich zwischen einer in erster Linie naturwissenschaftlichen Theorie und der »Lehre vom Schönen« Verbindungen ziehen?

Eine solche Annäherung von Wissenschaft und Kunst, die z. B.

Komplexität – Ausweitung

in der Renaissance sehr ausgeprägt war (verkörpert insbesondere durch Leonardo da Vinci), ist durchaus eine mögliche Perspektive angesichts der Erkenntnisse der Komplexitätswissenschaften.

Erkennbar ist diese Verbindung beispielsweise in der fraktalen Geometrie, deren »gerechnete« Bilder schon in vielbesuchten Ausstellungen gezeigt wurden. Mandelbrot schreibt über die am Computer generierten fraktalen Bilder: »Die fraktale ›neue geometrische Kunst‹ zeigt eine erstaunliche Verwandtschaft mit den Gemälden großer Meister oder mit der Architektur der Beaux Arts. Ein offensichtlicher Grund besteht darin, daß die klassischen bildenden Künste, ebenso wie die Fraktale, viele verschiedene Längenskalen enthalten. Aus diesen Gründen und auch weil die fraktale Kunst von der Anstrengung herrührt, die Natur zu imitieren, um deren Gesetze zu erraten, kann es sehr gut sein, daß sie bereitwillig akzeptiert wird.« (Mandelbrot 1987: 35)

Man erkennt hier die Suche des Naturwissenschaftlers Mandelbrot nach *universellen ästhetischen Prinzipien* (»verschiedene Längenskalen«, »Selbstähnlichkeit«). Diese Suche nach objektiven Kriterien für Schönheit treibt auch den Chemiker und Chaosforscher Friedrich Cramer an. Er glaubt, dass das, was wir als schön empfinden, universell und nicht zeitgebunden ist – im Gegensatz zur Kunst, die sich fortwährend verändert und zeitgebunden ist.

Er behauptet, dass sich das Schönheitsempfinden durch die Wahrnehmung von etwas Prozessualen auszeichnet. Schöne Formen, beispielsweise in der Natur, spiegeln immer einen Entstehungs*prozess* wider. Das gilt sowohl für flüchtige Formen wie Wolken als auch relativ statisch erscheinende Formen wie Gebirge. Nach Cramer empfinden wir beispielsweise den Fudschijama deshalb als schön, weil in seinen Flanken die Prozesse der Abkühlung so anschaulich spürbar werden. Dieses geschieht bei den wenigsten Menschen bewusst, aber schon in der Kindheit werden diese Formbildungsprozesse beim Spiel mit Sand oder Wasser erfahren, andererseits sind sie nach Cramer schon im Zentralnervensystem als neuronale Mustererkennung vorgeprägt. Bei einem Sandhaufen oder Berg ist lediglich ein anderer Zeitfaktor wirksam, ein stabil erscheinender Berg ist dennoch *prozessual*.

Ebenso spiegelt der »Goldene Schnitt«, mit dem gewöhnlich ein positives harmonisches Verhältnis verbunden wird, einen Prozess wider. Dies wird bei Muscheln oder Schnecken deutlich, deren spiralartige Windungen sich fast immer im Verhältnis des Goldenen Schnittes formen. Der Goldene Schnitt wird in der Natur bei nahezu allen Wachstumsprozessen eingehalten (vgl. Doczi 1987), unabhängig von Größe, Länge, Dicke etc. – dabei stellt das Zahlenverhältnis des Goldenen Schnittes die irrationalste aller möglichen irrationalen Zahlen dar.

Dieses mathematische Phänomen, dass die »irrationalste Zahl« gleichzeitig das bedeutendste Ordnungsprinzip innerhalb der Natur darstellt, erklärt Cramer folgendermaßen:

I-5: Fast alle Muscheln und Schnecken haben die Form einer Wachstumsspirale, bei der in jeder Windung das Verhältnis des Goldenen Schnittes eingehalten wird

»In bestimmten Bahnen und mathematischen oder graphischen Beschreibungen von komplexen dynamischen Systemen breitet sich mit wachsender Nichtlinearität das Chaos immer stärker aus. Zum Schluß bleiben als Trennlinien zwischen den Chaosbereichen nur wenige Kurven, und diese schrumpfen schließlich auf eine allerletzte. Diese läßt sich mit dem Goldenen Schnitt (…) in Verbindung bringen: Wiederum ein Hinweis auf eine Harmonie an der Grenze von Ordnung und Chaos?

Die irrationalsten Bahnen, das heißt diejenigen, die nach dem Zahlenverhältnis der goldenen Zahl gebaut sind, haben bei Störung die höchste Chance zu überleben.

Ist Schönheit eine ›Flucht nach vorne‹? Entsteht Schönheit dann, wenn ein dynamisches System gerade noch vor dem Chaos ausweichen kann? Ist also Schönheit eine Gratwanderung?« (Cramer 1993a: 201f.)

Zur Untermauerung seiner Hypothese untersucht Cramer auch Kunstwerke, beispielsweise das berühmte Selbstportrait von Dürer. Er durchschnitt ein Foto des Portraits in der Mitte und erstellte zwei neue Portraits, eines mit gedoppelter bzw. gespiegelter linker Hälfte und eines mit gespiegelter rechter Hälfte. Falls das ursprüngliche Portrait seine vollendete Harmonie aufgrund von Symmetrie hätte, müssten die beiden neuen Gesichter dem Original entsprechen. Tatsächlich sind sie sich aber ganz unähnlich und darüber hinaus eher langweilig. »Jede Spannung ist aus dem Gesicht verschwunden, und jedes Interesse an dem Gesicht droht zu erlahmen. Kunst ist eben nicht vollendete Harmonie, ist nicht Perfektion. (…) Schönheit ist offenbar am ergreifendsten, am deutlichsten dort, wo sie an die Grenze zum Chaos vorstößt, wo sie ihre Ordnung freiwillig aufs Spiel setzt. Schönheit ist eine schmale Gratwanderung zwischen dem Risiko zweier Abstürze: auf der einen Seite die Auflösung aller Ordnung in Chaos, auf der anderen die Erstarrung in Symmetrie und Ordnung. Nur auf diesem gefährlichen Grat entsteht Schönheit, wird Gestalt.« (Cramer 1993a: 204f.) Cramer verneint allerdings, dass man jemals mit Hilfe der Komplexitätstheorie zu Prinzipien des Schönen kommen kann, die direkt von Künstlern umgesetzt werden könnten, denn das Nichtlineare schließt einen Unbestimmtheitsgrad ein:

»Es liegt im Wesen der Chaostheorie, daß man den Übergang zwischen Chaos und Ordnung nicht exakt definieren kann. Die Ränder eines solchen Systems haben fraktalen Charakter. Insofern ist auch die Definition des Schönen vergeblich, weil man bei einer fraktalen Struktur niemals an eine Grenze kommt. Es handelt sich vielmehr um eine *Zone des Schönen*. (…) Deswegen läßt sich daraus zum Glück keine Formel ableiten. Das Ästhetische, die Kunst, die Welt ist und bleibt ein offenes System.« (Cramer 1993b: 87; kursiv M. P.)

I-6: Cramer zeigt am Selbstportrait Dürers, dass »symmetrische« Gesichter mit gespiegelten Hälften (rechts) spannungsloser sind als das ürsprüngliche Gesicht (links)

Komplexität – Ausweitung

Hinsichtlich Cramers These von der »Schönheit als Gratwanderung zwischen Chaos und Ordnung« herrscht von vielen Seiten Übereinstimmung. Hier drei Beispiele:

1. Der Gehirnforscher Gerhard Roth meint: »Wird etwas zu einfach, schlafen wir ein. Wird es zu kompliziert, wie etwa bei der modernen Musik, sind wir sensorisch und intellektuell überfordert. Dieser Bereich zwischen dem, was nicht zu einfach und was nicht zu kompliziert ist, ist offenbar die Variationsbreite, die der Kunstempfindung zugrunde liegt. (…) Es ist immer die Frage der Einfachheit und der Interessantheit der Wahrnehmung, zwischen denen unser Bedürfnis nach lustvoller Erfahrung, worauf ja Kunst beruht, sich einstellen muß.« (Roth 1993: 156)

2. Für die Landschaftsarchitektur (und darüber hinaus für Gestaltung allgemein) hat Hans Loidl herausgestellt, dass im Spannungsfeld von Einheitlichkeit und Reichhaltigkeit die Qualität der Entwurfslösung entsteht. »›Je vielfältiger, desto einheitlicher‹ – auf dieser nur scheinbar paradox anmutenden Grundregel ist (nicht nur) alle landschaftsarchitektonische Qualität aufgebaut. Es ist vielleicht das grundsätzlichste, allgemeinste ›Gesetz‹ des ›Schönen‹, die zentrale ästhetische Spur durch den Kosmos der konkreten Möglichkeiten, um eine Entwurfsaufgabe zu lösen.« (Loidl 1990: 398)

3. Eine der poetischsten Formulierungen des Spannungsverhältnisses zwischen Ordnung und Unordnung stammt vom französische Wissenschaftshistoriker Michel Serres: »Es gibt zwei Arten zu sterben, zwei Arten zu schlafen, zwei Arten Tier zu sein: Man kann sich kopfüber ins Tohuwabohu stürzen oder sich fest in der Ordnung und im Chitinpanzer einrichten. Wir sind hinreichend mit Sinn und Instinkt ausgestattet, um uns der Gefahr der Explosion zu erwehren, aber wir sind wehrlos gegen den Tod durch Ordnung oder gegen die Einschläferung durch Regel und Harmonie.
Unsere Chance liegt auf dem Grat. Unser lebendiger und erfinderischer Weg folgt der eigensinnig gewundenen Kurve, auf welcher der einfache Sandstrand mit der tosenden Brandung zusammentrifft. Eine einfache und geradlinige Methode erbringt keinerlei Information; ihre Nutzlosigkeit und Plattheit ist letztlich kalkulierbar. Die Intelligenz, das weiß man schon lange, bleibt unerwartbar wie eine Erfindung oder die Gnade; sie überschreitet das Überraschende nicht in Richtung auf Beliebiges. Die Strenge liegt niemals im Einfachen, das zur Identität strebt, sie wäre nichts, wenn sie nicht das vereinte und zusammenhielte, was nicht verknüpft sein dürfte. Zu Neuem gelangt man nur durch die Einbringung des Zufalls in die Regel, durch die Einführung des Gesetzes in den Schoß der Unordnung. Orga-

nisation wird aus den Umständen geboren, wie Aphrodite aus dem Schaum.« (Serres 1981: 194)

Bei soviel Übereinstimmung wird klar, dass es sich bei der von Cramer propagierten These »Schönheit als Gratwanderung zwischen Chaos und Ordnung« um eine sehr allgemeine ästhetische Qualität handelt, die zudem altbekannt ist. Cramers Verdienst ist es, diese These mit der Komplexitätsforschung zu verbinden und somit ihre Gültigkeit weiter zu untermauern – sie hätte ja auch ebenso widerlegt werden können... Von zentraler Bedeutung ist seine Aussage, dass es aufgrund der Eigenschaften des deterministischen Chaos niemals zu einer Definition der Schönheit kommen kann, sondern allenfalls eine »Zone des Schönen« bestimmbar ist.

Zu ähnlichen Ergebnissen hinsichtlich der ästhetischen Konsequenzen der Komplexitätswissenschaften kommt auch der britische Architekturtheoretiker Charles Jencks in seinem Buch »The Architecture of the Jumping Universe« (1995). Er sieht »Komplexität« als das neue Paradigma für die Architektur und betont Nicht-Linearität, Fraktalität und organisatorische Tiefe, worunter er, ähnlich wie Cramer, die Gratwanderung von Ordnung und Chaos auf möglichst vielen Ebenen versteht. Als Beispiele zeigt Jencks einige im besten Sinne komplexe Architekturentwürfe wie den Wettbewerbsbeitrag von O.M.A. für La Villette (s. 2.3, S. 76f.), aber an vielen Stellen wird in seinem Buch die Gefahr einer zu simplen Übertragung deutlich. In eigenen Architekturentwürfen versucht Jencks beispielsweise, Komplexität »durch eine Architektur der Wellen und Windungen« zu repräsentieren. (Jencks 1995: 48) Das Ergebnis sind dann Möbel, die mit Bifurkationskurven garniert sind, Zaungitter, die gemäß der von ihm geschätzten Soliton-Welle gebogen sind oder sich schlangenförmig überlagernde Rasenhügel. Prozessualität im Sinne von Veränderungsfähigkeit oder Relationalität im Sinne des Aufnehmens vielfältiger, humaner oder ökologischer Bezüge kommen in seinen Entwürfen aber nicht vor – es bleiben statische Bilder. Jencks Ansatz könnte als formaler Fehlschluss bezeichnet werden, weil die grafisch-mathematischen Repräsentationen der komplexen Phänomene für die Phänomene selbst gehalten werden. Mit der ausschließlichen Beschränkung auf die äußere Form als nur einer Ebene des architektonischen Objekts wird Jencks damit einer der wichtigsten von ihm genannten Eigenschaften von Komplexität, der »organisatorischen Tiefe«, nicht gerecht.

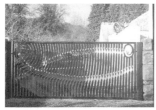

I-7, I-8: Gartentor mit Solitonwellen; schlangenförmige Rasenwellen (Charles Jencks)

Es könnte die Frage gestellt werden, ob komplexe Architektur Wellen, Windungen und Faltungen benötigt – aber wie schon das von ihm selbst gezeigte Beispiel von O.M.A.s Entwurf für den Park de la Villette zeigt, kann eine formal rechtwinklige Architektur durch »organisatorische Tiefe« viel komplexer werden als seine eindimensionalen, gefrorenen Wellenformen. Ein weiteres Beispiel

Komplexität – Ausweitung

hierfür ist das »Schröder-Haus« in Utrecht von Gerrit Rietfeld, das ausschließlich das Formenrepertoir der von Jencks ungeliebten, als statisch angesehenen klassischen Moderne verwendet. Mit seiner unendlichen Variabilität, vor allem durch flexible Raumelemente erreicht, stellt es aber ein – im Sinne des Dreiklangs von Unvorhersagbarkeit, Prozessualität und Relationalität – wesentlich komplexeres Gebäude dar als die von Jencks gepriesenen Wellengebäude von Gehry oder die Faltengebäude von Eisenman. Es zeigt sich, dass keine architektonische Form einen Exklusivanspruch auf Komplexität besitzt – dafür ist die »Zone des Schönen« zu weit und zu vielschichtig.

I-9, I-10: »Schröder-Haus«, Außenansicht; Innenansicht mit flexiblen Raumelementen (Gerrit Rietfeld)

Der Blick auf die Ausweitung des Konzeptes »Komplexität« zeigt einerseits Ernüchterung hinsichtlich des Anspruches eines neuen Paradigmas und andererseits Optimismus hinsichtlich der immensen Erkenntniszuwächse. Die Hoffnungen der Komplexitätsforscher auf eine neue Leitwissenschaft mögen angesichts der großen Erklärungskraft des Konzeptes für so viele Phänomene wie Wetter, Gehirn oder Ästhetik sowie seines Alternativcharakters zur herrschenden, reduktionistischen Denkweise berechtigt gewesen sein. Aber beispielsweise am Santa-Fe-Institut, das als ein Fokus der Komplexitätsforschung bezeichnet werden kann, »hat sich bei den verschiedenen Workshops des Instituts bereits zu Beginn der neunziger Jahre Ernüchterung etwa hinsichtlich eines universalen Komplexitätsbegriffs eingestellt. Heutzutage sprechen die Vertreter der Komplexitätsforschung denn auch lieber im Plural von ›sciences of complexity‹.« (Christen 2002) Dieses pluralistische Konzept, das komplexe *und* reduktionistische Ansätze integrieren kann, ist keinesfalls ein »schwammiges«, schwaches Konzept. Diese »Uneinheitlichkeit der Wissenschaften« kann vielmehr als Stärke interpretiert werden und eröffnet Parallelen zu aktuellen kulturellen Diskursen, wie Helga Nowotny meint: »Die Gesellschaft ist heute weder willens noch in der Lage, ein wissenschaftliches Weltbild als Ganzes zu übernehmen. Die Entdeckung der ›Uneinheitlichkeit der Wissenschaften‹ zeigt die Bandbreite der kulturellen Resonanz, innerhalb derer sich Themen wie Einheit und Uneinheitlichkeit gemäß dem jeweiligen historischen und politischen Kontext, in dem sie artikuliert, umkämpft und umgesetzt werden, herausbilden.« (Nowotny 1999: 42f.)

Mit diesem differenzierten Verständnis der »Wissenschaften des Komplexen« wird derzeit erfolgreich wissenschaftlich gearbeitet (nur ein Beispiel: die Arbeitsgruppen im Institut für Theoretische Physik der TU Berlin bearbeiten inzwischen fast ausnahmslos nichtlineare Thematiken). Auch für die Wissenschaftstheorie ergeben sich neue Perspektiven – diese sollen im folgenden Abschnitt dargestellt werden.

1.3 Ausblick

In den vorherigen beiden Abschnitten konnte gezeigt werden, dass in den Naturwissenschaften Erkenntnisse gewonnen wurden, die den klassischen wissenschaftlichen Kriterien von prinzipiell unbegrenzter Vorhersagbarkeit und Zeitlosigkeit (Reversibilität) diametral entgegenstehen. Diese Erkenntnisse lassen sich unter dem Oberbegriff »Komplexität« zusammenfassen, der in dieser Arbeit grundsätzlich als Dreiklang von Unvorhersagbarkeit, Prozessualität und Relationalität gedacht wird. Die Erkenntnisse der »Wissenschaften des Komplexen« wurden in den letzten Jahren in nahezu allen Wissenschaftsdisziplinen erfolgreich angewendet und ausgeweitet. Ihre gänzliche Andersartigkeit gegenüber der klassischen Wissenschaft und ihr disziplinenübergreifender Charakter stellen eine Herausforderung für die zeitgenössische Wissenschaftstheorie dar. Mit der »evolutionären Weltsicht« Hans Posers und den »Modus 2-Wissenschaften« von Helga Nowotny et al. sollen zwei wissenschaftstheoretische Reflexionen von Komplexität vorgestellt werden. Beide haben weitreichende Auswirkungen auf unser zukünftiges Verständnis von Wissenschaft und ermöglichen es unter anderem, Landschaft und Entwerfen aus einer neuen Perspektive zu betrachten.

Evolutionäre Weltsicht

In seiner 2001 erschienenen »Wissenschaftstheorie« gibt Hans Poser im Epilog einen Ausblick auf ein neues Grundverständnis der Wissenschaften.

Lange Zeit strebte die analytische Wissenschaftstheorie in Richtung einer Einheitswissenschaft, in der alle Wissensdisziplinen harmonisch unter dem reduktionistischen Ansatz vereint sein sollten. Aufgrund dieses vereinigenden Harmoniestrebens bezeichnet Poser diese Phase auch als »klassische« Wissenschaftstheorie. (ebd.: 279) Ganz aufgegeben ist dieser harmonisierende Einheitsgedanke immer noch nicht, wie die von einigen Wissenschaftlern wie Stephen Hawking unternommene Suche nach einer »Theory of Everything« zeigt.

Poser konstatiert dagegen einen sich inzwischen klar abzeichnenden Perspektivenwechsel, »ausgelöst durch die Erfahrung der Begrenztheit der klassischen Wissenschaftstheorie und ihrer Physikorientierung, zugleich jedoch mitbewirkt durch ein verändertes Verständnis des Wissensanspruchs der Wissenschaften.« (ebd.: 281)

Von entscheidender Bedeutung für diesen Perspektivenwechsel sind die Wissenschaften des Komplexen. Durch ihre Ausweitung und Übertragung auf andere Wissensfelder etablieren sich »völlig neue Gegenstandsbereiche, Theoriestrukturen, Überprüfungskriterien und normative Festlegungen – bis hin zu Veränderungen in der Weltsicht, wenn die Vorgänge im Universum nicht bloß als inflatorisch, sondern als selbstorganisierend, kreativ-emergent und das menschliche Denken hervorbringend verstanden werden.« (ebd.: 284)

Durch diese Verschiebung in der Wissenschaftstheorie kommt es beispielsweise in den Technikwissenschaften zur »Rehabilitation funktionaler und teleologischer Kriterien, die Hinwendung zum Einzelnen statt zu allgemeinen Gesetzen, die theoretische Orientierung an funktionaler Effizienz statt an Wahrheit (...) und die Reflexion auf Ziele – alles Voraussetzung einer Technikbewertung und Technikethik, die heute eine bestimmende Rolle in der Entscheidung über den Fortgang der Entwicklung unserer Lebensbedingungen spielen sollen und müssen.« (ebd.: 282f.) Diese Abkehr von ausschließlich reduktionistischen Prinzipien ist aber nicht nur für die Technikwissenschaften, sondern auch für viele andere Forschungsfelder wie zum Beispiel die Klima- oder Gehirnforschung absolut notwendig, um anstehende Probleme bewältigen zu können.

Poser deutet diese Veränderung als Wandel von einer kausalen zur evolutionären Weltsicht. Im Gegensatz zur kausalen Weltsicht, die durch Kenntnis der Kausalgesetze die Gestaltung der Zukunft voraussagbar macht, kann die evolutionäre Weltsicht keine Aussagen über die Zukunft treffen. Mit Hilfe des Mutations-Selektions-Schemas erklärt sie »*allein retrospektiv*, wie es zu der vorliegenden Fülle der Arten mit ihren spezifischen Eigenarten gekommen ist und wieso für frühere Zeiträume nachweisbare Arten nicht mehr der Gegenwart angehören.« (ebd. 271) Die Deutungsmöglichkeiten für die Zukunft sind völlig offen – es könnte relativ gleichbleibend weitergehen, es könnten sich mehrere Alternativen bilden oder auch radikale Veränderungen eintreten. »Das Evolutionsschema ist damit in seiner Erklärungsleistung insofern schwächer als das Kausalschema, als es nur das Verständnis und die Deutung der Vergangenheit von der Gegenwart her erlaubt, aber es ist leistungsfähiger, was den Umfang der zu strukturierenden Bereiche anlangt: Es ermöglicht – wie in der Biologie – mit der Akzeptanz des Paares Mutation/Selektion die Deutung und damit das Verstehen von geschichtlichen Prozessen, die sich einem teleologischen oder einem kausalen Schema nicht fügen. Seine Stärke besteht dabei in der Betonung der Unwiederholbarkeit bei gleichzeitiger Deutbarkeit jedes einzelnen Sachverhaltes und jeder individuell abgrenzbaren Erscheinung, die sich unter dieses Schema bringen läßt.« (ebd.: 272)

Mit dieser Möglichkeit, spezifische Zustände und den Prozess ihrer Entstehung beschreiben zu können, ist die evolutionäre Weltsicht trotz ihrer Schwäche der unzureichenden Vorhersagekraft *umfassender* als die kausale Sichtweise. Sie verspricht »nach der Erfahrung der Begrenztheit der vorausgegangenen Weltsichten eine

I-11–13: »Ökokathedrale« in Mildam/Niederlande, Louis Le Roy

verbindende, einheitsstiftende Deutung aller Prozesse des Werdens, von der biologischen und psychischen bis hin zur sozialen und geistig-kulturellen Sphäre.« (ebd.: 272)

Allerdings weist Poser darauf hin, dass das Evolutionsschema das kausale Schema nicht ersetzen kann. Es geht darum, kausale Erklärungsansätze auf die Bereiche zu beschränken, wo sie sinnvoll sind. Beispielsweise kann ein Motor nur mit Hilfe kausaldeterministischer Gesetze gebaut werden – aber warum nicht der Dreizylinder für das Drei-Liter-Auto, sondern der Achtzylinder für den Geländewagen gebaut wird, können sie nicht erklären.

In der Konsequenz verändert die evolutionäre Weltsicht die traditionellen Vorstellungen von Wissenschaft. Wissenschaftliche Erkenntnisse stellen weniger wahre Aussagen dar als vielmehr Ordnungsschemata, die es erlauben, Vielschichtigkeit zusammenzuschauen. »Dabei kann es sich nur um einen hypothetischen, revidierbaren Ordnungsvorschlag handeln.« (...) Dieser »wird an dem Ziel zu messen sein, eine Ordnung des Wissens und damit eine Orientierung zu ermöglichen. Diese wird zeitgebunden sein wie alle Wissenschaft; doch sie zu *entwerfen* ist unverzichtbar in einer Kultur, der Wissenschaft zur Lebensform geworden ist.« (ebd.: 295; kursiv M. P.)

Die »Öko-Kathedrale« des Niederländers Louis Le Roy, ein Projekt an der Schnittstelle von Landschaftsarchitektur, Architektur und Kunst, kann als eine der konsequentesten Übertragungen einer evolutionären Weltsicht in räumliche Gestalt interpretiert werden. Nach Meinung des Architekturkritikers Piet Vollaard ist die Ökokathedrale das einzige Beispiel einer prozessorientierten, zeitlich offenen Architektur in den Niederlanden. (Vollaard 2002: 20)

Seit über dreißig Jahren läßt sich der Kunsterzieher Le Roy sämtliche Straßenbauabfälle, die in der niederländischen Gemeinde Heerenveen anfallen, auf ein ihm von der Gemeinde überlassenes Grundstück am Rande der Dorfes Mildam bringen. Inzwischen sind 15.000 Tonnen abgekippt worden, die Le Roy auf dem vier Hektar großen Gelände zwischen Restbeständen von Wald verteilt hat. Dieses Schuttmaterial schichtet er ohne irgendeine maschinelle Hilfe in Trockenbauweise zu aztekisch anmutenden Bauwerken auf. Die Strukturen, an denen er gerade nicht baut, werden so lange von Pflanzen überwuchert, bis er sich ihnen wieder widmet und höher aufbaut. Mit Ilya Prigogine fragt er: »Was kann ein einzelner Mensch in Raum und Zeit erreichen?« (Le Roy 2002: 12), weshalb zu seinen Lebzeiten ausschließlich er selbst an der Ökokathedrale arbeitet. Eine Stiftung ist schon gegründet, um nach seinem Tode die Arbeit weiterzuführen. Der zeitliche Horizont, den Le Roy für sein Projekt angibt, liegt beim Jahr 3000, räumlich kann er sich Höhen von 200 Metern vorstellen. (Le Roy 2002: 12) Wohin sich aber die Ökokathedrale genau entwickelt, ist Le Roy nicht wichtig, denn es geht ihm gerade darum, mit der prinzipiellen Offenheit evolutionärer Prozesse kreativ zu arbeiten. Er vergleicht sein Projekt bezüglich dieses zeitlich offenen Charakters gerne mit mittelalterlichen Kathedralen wie beispielsweise Chartres, bei denen am Anfang der Bauzeit auch niemand wusste, wie das Bauwerk am Ende aussehen würde. Le Roy kritisiert deshalb den statischen Ansatz der meisten Entwerfer, die mit einem alles festlegenden Plan beginnen. Bauwerke, Pflanzungen und freie Flächen werden definiert und ständige Pflege ist notwendig, um diesen Zustand aufrecht zu erhalten. Le Roy dagegen meint, dass jeder Garten ein Prozess ist, den man zeitlich nicht festhalten kann: »In meinen Projekten ist nichts fixiert, alles funktioniert als Prozess und verändert sich jeden Tag.« (2002: 34) Evolutionäre Prozesse sind seiner Meinung nach ewig andauernd. Sie basieren auf einer Partnerschaft von Menschen, Pflanzen und Tieren, die von »freier Energie« angetrieben wird. Mit dieser Energie konstruiert sich die Natur selbst, und das Ziel dieser Evolution ist das Erreichen einer größtmöglichen Komplexität. (Le Roy 2002: 34)

Le Roys Projekt ist sicherlich eines der radikalsten Beispiele einer zeitlich und räumlich offenen Gestaltung. Für das Entwerfen von Landschaften jenseits privater Experimentierräume hat Le Roys Ansatz von »starker Selbstorganisation« (Zulassen evolutionärer Prozesse mit einem Minimum gestalterisch-struktureller Vorgaben, vgl. Prominski 1996) allerdings Grenzen, was die Umsetzungsprobleme seiner Arbeiten im öffentlichen Raum (z. B. Kennedylaan, Heerenveen oder Lewenborg) zeigen. »Schwache Selbstorganisation« (Zulassen zeitlich und räumlich offener Prozesse innerhalb gestalterisch vorgegebener Regeln oder Rahmen; vgl. ebd.) bietet vielversprechendere Möglichkeiten, eine evolutionäre Weltsicht gestalterisch umzusetzen. Beispiele wie die Thompson-Fabrik in Guyancourt (Desvigne/Dalnoky 1994), der Stadtteilpark Reudnitz (Kiefer/Sattler 1999) oder der in Kapitel 2.3 beschriebene Wettbewerbsbeitrag von O. M. A. für La Villette stehen für diesen Ansatz.

Modus 2-Wissenschaften

Seit einigen Jahren untersucht eine Gruppe um Helga Nowotny, Michael Gibbons und Peter Scott zeitgenössische Formen der Wissensproduktion. (Nowotny et al. 2001; Nowotny 1999; Gibbons et al. 1994) Sie bestimmen die Gegenwart als »Zeitalter der Unsicherheit« und sprechen mit der Komplexitätstheorie davon, dass fast alle Prozesse und Beziehungen nichtlinear sind und ständig wechselnden Mustern der Unvorhersagbarkeit unterliegen. (Nowotny et al. 2001: 5) Das ist einer der Gründe dafür, neben der traditionellen, linearen Form der Wissenserzeugung, die sie »Modus 1« nennen, eine neue Form des »Modus 2« sichtbar wird. Die beiden lassen sich deutlich voneinander unterscheiden:

Die Wissensproduktion im Modus 1 ist der Versuch, das Newton´sche Modell der Suche nach allgemeingültigen Erklärungsprinzipien ständig zu erweitern. Diese Suche ist disziplinär organisiert, und eine hierarchisch strukturierte wissenschaftliche Elite wacht über die gemeinsam gesetzten Qualitätsstandards. (Nowotny 1999: 67) Weiterhin gibt es eine Trennung in reine und angewandte Wissenschaften, wo die einen die theoretische Basis entwickeln (Bsp. Physik), während die anderen dieses Wissen anwenden (Bsp. Ingenieurwissenschaften). (Gibbons et al. 1994: 19) Auf diese Weise bleibt die reine Wissenschaft im Modus 1 objektiv und widmet sich den Fakten, ohne durch den Einfluss von Werten »verunreinigt« zu werden – verlässliches Wissen kann entstehen. Wissenschaft im Modus 1 war und ist äußerst erfolgreich und stellt für viele das Synonym für »gute« Wissenschaft dar.

Der Modus 2 der Wissensproduktion ist in vielerlei Hinsicht verschieden zum Modus 1. Betont werden Kontextualität statt Universalität, Transdisziplinarität statt Disziplinarität und Anwendungsorientierung statt Reinheit. Diese drei Eigenschaften sollen im Folgenden beschrieben werden.

Kontextualität

Wissensproduktion im Modus 2 findet nicht mehr im autonomen, wertfreien Wissenschaftssektor statt, der sich von anderen Bereichen wie Gesellschaft, Kultur oder Wirtschaft abgrenzen lässt. Nowotny et al. behaupten, dass alle diese Bereiche inzwischen »›intern‹ so heterogen und ›extern‹ so voneinander abhängig, ja sogar überlappend geworden sind, dass sie aufgehört haben, eigenständig und unterscheidbar zu sein.« (Nowotny et al. 2001: 1) Demnach vermischen sich im Modus 2 Wissenschaft, Gesellschaft, Kultur oder Markt, was automatisch bedeutet, dass das resultierende Wissen nicht universal bzw. »rein« sein kann, sondern »nur« kontextuell. Während im Modus 1 die Kommunikation zwischen Wissenschaft und Gesellschaft eine Einbahnstraße ist, in der wissenschaftliche Erkenntnisse die Gesellschaft durchdringen, treten die beiden im Modus 2 in einen Dialog. Nowotny et al. nennen als Beispiel das »Fünfte Rahmenprogramm« der Europäischen Union zur Forschung, bei dem Forschungsanträge unmittelbar daran gemessen werden, inwieweit sie einen positiven sozioökonomischen Beitrag leisten. (ebd.: 53) Um diese Forderung zu erfüllen, müssen die Wissenschaftler auf die Gesellschaft und den Markt »hören«. Sie kommen daher in Kontakt mit der »unreinen« Welt der Werte und verlieren ihr verbrieftes Recht auf Objektivität. Aber was soll diese Objektivität heute noch sein? Kernstück des wissenschaftlichen Selbstverständnisses im Modus 1 ist es, die Wahrheit von Erkenntnissen an den objektiven und universalen Naturgesetzen zu prüfen. Wurde dieser Maßstab von Objektivität

Komplexität – Ausblick

schon durch die Quantentheorie mit ihrem Hinweis, dass Erkenntnisse beobachterabhängig sind, angegriffen, ist diese Hoffnung nun durch die Wissenschaften des Komplexen prinzipiell in Frage gestellt. Wissenschaftliche Erkenntnisse werden immer flüssiger und unsicherer. Das ist aber nicht der Untergang von Wissenschaft, wie aus der Modus 1-Ecke eingeworfen werden könnte. Nowotny et al. betonen, dass diese neuen Erkenntnisse ein selbstverständliches Resultat der wissenschaftlichen Dynamik sind und nur einen weiteren Schritt der wissenschaftlichen Entwicklung darstellen: »Mit anderen Worten: Es findet derzeit kein plötzlicher und umwälzender Paradigmenwechsel statt – von Wissenschaft zu Nicht-Wissenschaft, oder von universellen Standards der Objektivität zu lokal festgesetzten Bedingungen der Relativität – sondern nur die jüngste Phase eines evolutionären Anpassungsprozesses an eine zunehmend komplexe Realität. (ebd.: 197)

I-14: »The Big Dig«: Central Artery/ Tunnel Project, Boston/ USA

Als Beispiele für die Kontextualisierung der Wissensproduktion nennen Nowotny et al. neben dem britischen »Human Genom Mapping Project« und der Entdeckung der Hochtemperatur-Supraleitung (ebd.: 148f.; 155f.) auch ein technologisches Planungsprojekt, das »Central Artery/Tunnel (CA/T) Project« in Boston.

Bei derartigen Großprojekten ist die Vermischung von Daten und gesellschaftlichem Feedback eigentlich schon selbstverständlich, aber die lange übliche Methode, solche Projekte ausschließlich mit Hilfe objektiv gewonnener Daten, unter Ausblendung der Gesellschaft, planbar zu machen, ist auch heute noch nicht ausgestorben, wie das chinesische »Dreischluchten-Staudammprojekt« zeigt, das ohne Rücksicht auf Bewohner oder Umwelt zentralistisch durchgeführt wird.

Beim CA/T Projekt geht es darum, die mitten durch die Bostoner City führende, aufgeständerte Stadtautobahn als Tunnel unter die Erde zu legen. Angesichts der Vielzahl beteiligter Ämter, betroffener Nachbarschaften und Betriebe verfolgten die Ingenieure nicht den Ansatz, das Projekt mit einem vorgelegten Plan zu kontrollieren, sondern entwickelten unter Beteiligung aller sozialen Gruppen sukzessive die Pläne. Zusammenfassend für dieses »nichtlineare« Verfahren zitieren Nowotny et al. Hughes: »CA/T ist keine elegante, reduktionistische Unternehmung; es ist ein verwirrend komplexes Umarmen von Widersprüchen (…) CA/T ist sozial konstruiert worden, statt technologisch oder ökonomisch vorherbestimmt.« (ebd.: 139) In Bezug auf den üblichen Einwand aus Planungskreisen gegenüber solchen partizipatorischen Verfahren, dass nämlich die Gestaltungsqualität darunter leide, kontern Nowotny et al. mit der Behauptung, dass Ingenieursbauwerke durch öffentliche Beteiligung sogar an Qualität gewinnen. Sie zitieren Kruckemeyer: »(…) selbst einem ideenreichen Ingenieur wird kein guter Entwurf gelingen, so lange er sich nicht mit Vorgaben auseinandersetzen muss – und eine davon ist Bürgerbeteiligung. (…) Es ist der Lernprozess mit Vor- und Rückschritten, der Projekte besser macht. (...) Die einzigen staatlichen Straßenbauprojekte, die Preise für gute Gestaltung gewonnen haben, sind diejenigen, gegen die gerichtlich geklagt wurde, um Veränderungen in der Gestaltung zu erreichen. (ebd.: 138)

Nach Meinung von Nowotny et al. hat das Interesse der Wissenschaftler an universalen Prinzipien in den letzten Jahren rapide abgenommen. Angesichts eines komplexen Verständnisses der Natur reichen sie nicht aus und sind wenig hilfreich für zukünftige Forschungsfragen. Diese Abkehr von universalen Gesetzen und die Hinwendung zum Kontext kann mit Nowotny et al. folgendermaßen zusammengefasst werden: »Es kann keine universelle wissenschaftliche Objektivität mehr geben – oder wenn, dann nur auf einer hoch abstrakten, nahezu bedeutungslosen Ebene. Es kann keinen etablierten Kanon von Regeln mehr geben, dem gefolgt werden muss, um wissenschaftliche Verlässlichkeit zu garantieren. Stattdessen muss wissenschaftliche Objektivität zukünftig neu definiert werden, um lokal und kontextuell zu werden.« (ebd.: 232)

Transdisziplinarität

Die transdiziplinäre Ausrichtung der Wissensproduktion im Modus 2 ist eng mit der Anwendungsorientierung und Kontextualität verknüpft. Die Anforderungen, die von der Gesellschaft oder vom Markt an die Forschung gestellt werden, sind meist zu komplex, um von nur einer Disziplin gelöst werden zu können. Je nach Forschungsgegenstand formieren sich daher temporär und lokal immer neue Teams, die die verschiedenen Wissensressourcen themenspezifisch bündeln. Diese Integration des Wissens ist entscheidend für Transdisziplinarität – durch die Hybridisierung der verschiedenen disziplinären Beiträge entsteht neues Wissen, das nicht einer bestehenden Disziplin zuzuordnen ist. Im Gegensatz dazu bleiben die disziplinären Grenzen bei der Multi- beziehungsweise Pluridisziplinarität bestehen – ein Forschungsthema wird ohne Integration aus den verschiedenen Perspektiven bearbeitet. (vgl. Jantzsch in Nowotny 1999: 106)

Die Autoren betonen, dass sie Transdisziplinarität nicht als positiven Wert an sich verstehen und warnen davor, sie vorsätzlich, d. h. ohne Kenntnis des spezifischen Problemgegenstandes, zu »konstruieren«. Diese auch gerne im universitären Bereich gemachten Versuche sind alle gescheitert – Transdisziplinarität entsteht immer erst als Folge einer spezifischen Problemorientierung.

Zahlreiche Beispiele für transdisziplinäre Wissensproduktion finden sich im Umweltbereich. Bei der Erforschung des »Treibhauseffektes« arbeiten dabei nicht nur eine Vielzahl verschiedenster Disziplinen zusammen, sondern dieses »Modus 2-Objekt« integriert auch verschiedenste Institutionen – universitäre, privatwirtschaftliche und Forscher aus Umweltorganisationen sitzen in einem Boot.

Komplexität – Ausblick

Anwendungsorientierung

Die Diskussion um die Folgen der Gentechnik – als Stichworte seien nur Stammzellen oder Klonen genannt – zeigt, dass es aus den disziplinären Wissenschaften noch kein Wissen gibt, das bei diesen Fragen weiterhilft. Stattdessen müssen diese Probleme zuerst spezifiziert werden, um dann das notwendige Wissen *im Kontext der Anwendung auf dieses definierte Problem hin* zu erarbeiten. Es geht nicht um »reine« Erkenntnis, sondern um Lösungsstrategien. Nowotny nennt noch weitere Beispiele aus den letzten Jahren: »Die neuen Foren etwa, die aus der öffentlichen Diskussion und den Kontroversen um großtechnologische Projekte entstanden sind, brachten nicht nur unterschiedliche soziale Gruppierungen zusammen – wissenschaftliche Experten, Umweltschützer, Industrievertreter oder Vertreter staatlicher Stellen –, sondern wurden zu öffentlichen Räumen, in denen neues Wissen entstand. In gewisser Hinsicht vergleichbar mit der Entwicklung eines marktfähigen Produkts, wurde wissenschaftliches Wissen, wie etwa der zu neuer Verwendung kommende Risikobegriff, zunächst kontrovers eingebracht und dann mit dem Ziel verhandelt, zu einem brauchbaren, konkret umsetzbaren Ergebnis zu gelangen, um einen handlungsfähigen Kompromiss zu finden.« (Nowotny 1999: 71) Es ist klar, dass in diesen Diskussionen Werte eine Rolle spielen und damit das objektive, nicht interessegeleitete Wissen des Modus 1 verfehlt wird. Wie kann angesichts dieses Verlustes objektiver Kriterien die Qualität des neuen Wissens bewertet werden? Hier machen Nowotny et al. eine wichtigen Vorschlag zur Weiterentwicklung wissenschaftlicher Qualitätsvorstellungen: Sie fordern ein Weiterdenken vom verlässlichen Wissen (»reliable knowledge«) des Modus 1 hin zu einem sozial robusten Wissen (»socially robust knowledge«) des Modus 2. (Nowotny et al. 2001: 166f.)

Verlässliches Wissen soll damit nicht als »falsch« disqualifiziert werden, es ist nach wie vor wichtig. Es stellt im Sinne Poppers den Konsens über Wissen dar, den die Wissenschaftlergemeinde durch ständiges Überprüfen und Testen bildet. Aber die Integrationskraft dieses Konsens wird aus zwei Gründen immer schwächer: Erstens wandelt er sich immer schneller – selbst die Formeln von Nobelpreisträgern verschwinden relativ bald aus diesem Konsens, zweitens kann ein Konsens nur in immer kleineren, spezialisierten Wissenschaftlerkreisen gefunden werden. Dieser für die Beurteilung von Wissen im Modus 1 wichtige Konsens reicht für komplexe Problemstellungen nicht mehr aus. Die Alternative des »sozial robusten Wissens« ist transdisziplinär und kontextuell orientiert und zeichnet sich durch folgende fünf Eigenschaften aus: »Erstens, soziale Robustheit ist eine relationale, nicht eine relativistische oder (noch weniger) eine absolute Idee. Die Qualität eines Gebäudes hängt beispielsweise von einer Vielzahl Faktoren ab – den Materialien und Bauweisen, der räumlichen Umgebung, den sozialen Nutzungen usw (…) Daraus folgt, dass die soziale Robustheit von Wissen nur in einem spezifischen Kontext bewertet werden kann. Zweitens, soziale Robustheit von Wissen beschreibt einen Prozess, der zu angemessener Zeit eine gewisse Stabilität erreichen kann. Drittens, es gibt die feine, aber wichtige Unterscheidung zwischen Robustheit (von Wissen) und ihrer Akzeptanz (durch Individuen, Gruppen oder Gesellschaften). Selbstverständlich sind diese beiden miteinander verbunden, aber soziale Robustheit ist, in einem bedeutenden Sinne, vorausschauend; sie ist fähig, mit unbekannten und unvorhersehbaren Kontexten umzugehen. Viertens, Robustheit entsteht, wenn Forschung mit sozialem Wissen infiltriert und verbessert worden ist. Fünftens und letztens, sozial robustes Wissen hat eine in hohem Maße empirische Dimension; es ist Gegenstand von regelmäßigem Testen, Rücksprachen und Verbesserungen, weil es nicht abgeschlossen ist.« (ebd.: 167)

Diese fünf Punkte zeigen, dass das im Kontext der Anwendung gewonnene Modus 2-Wissen möglicherweise »zuverlässiger« ist als das Modus 1-Wissen, denn das Wissen wird nicht nur gegenüber der Natur (bzw. der »objektiven Realität«) geprüft, sondern es bezieht auf einer zweiten Ebene die Prüfung gegenüber dem Menschen mit ein. Der klassische Einwand, dass so ein fallbezogenes und temporäres Wissen weniger wert ist, relativiert sich angesichts des aufgezeigten, provisorischen und disziplinär zersplitterten Charakters des Modus 1-Wissens.

Der rote Faden, der die gesamte Argumentation bei der Etablierung des Modus 2 der Wissensproduktion durchzieht, ist die prinzipielle Anerkennung von Ungewissheit, wie sie insbesondere durch die Wissenschaften des Komplexen etabliert wurde. Neben diesem grundsätzlichen Resultat der Komplexitätswissenschaften behaupten Gibbons et al., dass diese auch strukturelle Beiträge für die Modus 2-Wissensproduktion liefern können: »Jedes nichtlineare Programm der Wissensintegration steht vor dem Problem, eine adäquate Repräsentationsform für die Wissensgenerierung und -integration zu finden, die deren gegenwärtiger Dynamik entspricht. Im Klartext heißt dies, der neuen Beweglichkeit des Raums und der Dynamisierung der Zeit reflexiv – d. h. durch positive Rückkoppelung – Rechnung zu tragen. Dazu sind nicht zuletzt die Komplexitätswissenschaften mit ihren auf Selbstorganisation, Diskontinuitäten und Nichtlinearitäten aufbauenden Theorien und ihrer Sensitivität für geringfügig unterschiedliche Anfangsbedingungen besonders gefordert, ihre strukturellen und transdisziplinären Codierungsmöglichkeiten und Theoriemodelle zur Verfügung zu stellen.« (Gibbons et al. 1994: 114)

Diese »Umarmung« von Nichtlinearität und Unbestimmtheit lässt die Frage aufkommen, inwieweit der Modus 1, der dem klassisch-deterministischen Wissenschaftsmodell folgt, noch seine Berechtigung hat. Hier beziehen Nowotny et al. klar Stellung. Sie betonen immer wieder, dass keiner den anderen ersetzen kann und das die Transdisziplinarität notwendig disziplinäres Wissen voraussetzt. Allerdings ist schon die Anerkennung einer Wissenschaft im Modus 2 für viele Wissenschaftler die schwer zu ertragende Beerdigung einer Hoffnung, die maßgeblich ihr Handeln motiviert und von Jörg Rheinberger folgendermaßen beschrieben wird: »Der Traum der Aufklärung von einem vereinheitlichten Bild einer allgemeinen Wissenschaft, die uns erlaubt, eine vereinheitlichte und allgemeine Natur zu manipulieren und zu kontrollieren, scheint ausgeträumt. Statt des einen privilegierten epistemischen Standpunkts, statt einer geradlinigen Richtung eines universalistisch gedachten Fortschritts, müssen wir lernen, uns in einer Welt einzurichten, die vielfältig, komplex, unordentlich und vom gleichzeitigen Nebeneinander multipler Zeiten geprägt ist.« (Rheinberger 1996 zit. n. Nowotny 1999: 83)

Aber der nächste Traum ist schon in Sicht: Mit Panowskys Hinweis, dass die Kultur der Renaissance dadurch möglich wurde, dass die Grenzen zwischen zuvor voneinander getrennten Bereichen wie bildende Künste und Naturphilosophie fielen und die Künstler zu neuen Erkenntnissen über die Natur kamen, deuten Nowotny et al. (2001: 243) an, dass die aktuellen, hybriden Prozesse in den Wissenschaften die Vision eines neuen Verständnisses unserer Welt in sich bergen könnten.

Komplexität und Gesellschaft: Wissenschaft in der Agora

In ihrem aktuellsten Buch »Re-Thinking Science – Knowledge and the Public in an Age of Uncertainty« (Nowotny et al. 2001) bekennen sich die Autoren zu einem großen Fehler, den sie bei ihrem ersten Buch »The New Production of Knowledge« (Gibbons et al. 1994) machten: Bei der Entwicklung der Unterscheidung von Modus 1 und Modus 2 der Wissensproduktion konzentrierten sie sich ausschließlich auf die Wissenschaften und vernachlässigten die Perspektive auf die Gesellschaft. Durch die von ihnen beschriebene Kontextualisierung und Anwendungsbezogenheit der Wissensproduktion im Modus 2 ist die Gesellschaft aber automatisch eingebunden. Sie sprechen daher in ihrem neuen Buch von einem »ko-evolutionären Verhältnis« zwischen Wissenschaft und Gesellschaft, wo die Gesellschaft genauso von der Wissenschaft geformt wird wie umgekehrt. (Nowotny et al. 2001: vii) Diese untrennbare Beziehung zwischen Wissenschaft und Gesellschaft wird beispielsweise deutlich an der Gentechnik. Auf der ständigen Suche nach Innovationen produziert die Wissenschaft hier ständig Ungewissheiten (z. B. vorgeburtliche Diagnostik), die Gesellschaft und Wissenschaft verhandeln müssen. Die Ergebnisse dieser Verhandlungen bestimmen wiederum die Vergabe weiterer Gelder, die wiederum die Richtung des weiteren

Forschens bestimmen. Eine endgültige Lösung dieser Ungewissheiten ist unmöglich, denn bei jeder Verhandlungsrunde entstehen neue Möglichkeiten und damit wieder neue Ungewissheiten – ein Musterbeispiel für Komplexität im Sinne des Dreiklangs Unvorhersagbarkeit, Relationalität und Prozessualität.

Die Felder, auf denen diese Hybridisierungen von Wissenschaft und Gesellschaft stattfinden, werden immer zahlreicher. Hiermit lösen sich die für die Moderne konstitutiven Kategorisierungen wie Wissenschaft, Staat, Markt oder Kultur auf – die Grenzen verschwimmen und die moderne Gesellschaft wandelt sich in die »Modus 2-Gesellschaft«.

Diese Auflösungserscheinungen der modernen Kategorien beschreibt auch Jörg Rheinberger: »Lange Zeit ist in den Geschichtswissenschaften die Vorstellung vorherrschend gewesen, die dynamische Entwicklung moderner Wissenschaft, Kunst und Technik beruhe auf einer Ausdifferenzierung in einzelne, klar voneinander abgegrenzter Entitäten. In den ›großen Erzählungen‹ der Modernisierung werden als Charakteristika dieser Entwicklung die Definition spezifischer Objekte, die Herausbildung klarer Berufsbilder und entsprechender Professionalisierungsstrukturen sowie die Etablierung von deutlich unterscheidbaren Schulen und Paradigmen hervorgehoben. Modernisierung in diesem Sinne heißt zunehmende Spezialisierung, Organisation und Planung, selbst wenn (oder gerade wo) es sich um kreative Tätigkeiten handelt. Vor dem Hintergrund aktueller Entwicklungen ist diese Vorstellung fragwürdig geworden.« (Rheinberger 2001) Seine Schlussfolgerung lautet: »Anders als in den ›großen Erzählungen‹ der Modernisierung geht es somit darum, das dynamische Zusammenwirken von Wissenschaft, Kunst und Technik als einen offenen Zusammenhang zu denken.« (ebd.)

Dieser offene Zusammenhang, der durch das Verschwinden klarer Grenzen und des Alleinvertretungsanspruches der Wissenschaften gegenüber der objektiven Realität entsteht, produziert eine Vielzahl hybrider Verhandlungsräume, eine neue Art von Räumen, für die Nowotny et al. einen Oberbegriff vorschlagen, die »Agora«. (2001: 201f.)

Die Agora ist ein öffentlicher Raum, in dem »Kritik geäußert werden kann, öffentliche Meinung entstehen und sich verändern kann und in dem konsensuale Lösungen angestrebt werden. (…) Die Agora erweist sich daher durchaus als politischer Ort, in dem es auch darum geht, wer das Recht besitzt, im ›Namen der Natur‹ sprechen zu dürfen. In der modernen Agora wird sich allerdings eine Wissenschaft zu bewähren haben, die gelernt hat, im Namen von Natur und Gesellschaft zu sprechen.

Die moderne Agora ist der Ort, in dem zunehmend auch die subjektiv empfundenen Wünsche, Erfahrungen, Bedürfnisse, Wissen und Fähigkeiten der Menschen und ihre Bedeutung für die Wissensproduktion verhandelt und ausgehandelt werden.« (Nowotny 2000: 11)

Komplexität – Ausblick

In einem solchen transparenten und partizipativen Prozess der Wissensproduktion kann aus verlässlichem Wissen sozial robustes Wissen werden. Die Konturen dieser vorgeschlagenen Agora sind zugebenermaßen noch ebenso unscharf wie der in eine ähnliche Richtung zielende Vorschlag vom »Parlament der Dinge« des französischen Wissenschaftssoziologen Bruno Latour (2001) – dennoch zeigt die Agora eine Perspektive auf, in der die ständig komplexer werdende Gesellschaft mit ihrer unausweichlichen Generierung von Ungewissheit nicht durch Auflösungserscheinungen bestimmt sein muss, sondern stabile, miteinander vernetzte Inseln mit neuen demokratischen Verfahren schaffen kann.

Fazit

In diesem Kapitel wurde gezeigt, dass Komplexität eine weitreichende Veränderung im Wissenschaftsverständnis bewirkt. Mit ihrem Dreiklang aus Unvorhersagbarkeit, Prozessualität und Relationalität steht sie für einen neuen Zugang zur Welt, der hier als »komplexe Denkweise« bezeichnet werden soll. Die komplexe Denkweise akzeptiert prinzipielle Unvorhersagbarkeit und damit Ungewissheit, sie sieht die Welt als prozessuales Geschehen ohne die Möglichkeit statischer Idealzustände und betrachtet Ereignisse als grundsätzlich spezifisch, gekennzeichnet durch mannigfaltige Relationen innerhalb eines raumzeitlichen Kontextes. Die komplexe Denkweise steht der reduktionistischen, mechanistischen, Newton´schen Denkweise entgegen. Letztere vertrat lange Zeit einen Alleinvertretungsanspruch für die Wissenschaft. Dieser war spätestens mit der Heisenberg´schen Unschärferelation fraglich geworden, aber erst mit den Wissenschaften des Komplexen konnte die komplexe Denkweise über die abstrakten Phänomene des Mikro- und Makrokosmos hinaus für unsere konkrete, mesokosmische Lebenswelt etabliert werden. Die »Entweder-Oder-Gefechte«, die bei der Entstehung radikal neuer Denkweisen meist entstehen, sind inzwischen geschlagen. Wie sowohl Nowotny et al. als auch Poser zeigen, deren »Modus 2« beziehungsweise »evolutionäre Weltsicht« einer komplexen Denkweise entsprechen, behält die reduktionistische Denkweise für viele Bereiche ihre Berechtigung. Wer von ihnen nun die Vormacht hat, ist nur für wissenschaftliche Eitelkeiten von Belang. Je nach Thema ist eher die eine oder die andere erfolgversprechender, und oft kommt es bei der Wissensproduktion zwischen diesen beiden Denkweisen zu immer unterschiedlichen Überlappungen (beispielsweise in der Landschaftsarchitektur). Es ist auch gut möglich, dass in Zukunft noch weitere neue Denkweisen (bzw. Modi) entwickelt werden.

Der Verlust ihres Alleinvertretungsanspruches zieht aus Sicht der klassischen Wissenschaft eine neue Bescheidenheit nach sich, die aber zugleich als Befreiung und Auftrag gedeutet werden kann:

Befreiung, weil die Last eines nicht zu erreichenden Anspruches von deterministischer Erklärung gewichen ist, und Auftrag, weil uns keine wissenschaftliche Objektivität oder »verlässliches Wissen« mehr Entscheidungen abnehmen kann und wir sie in der »Agora« entwickeln müssen.

Für die im zweiten Kapitel behandelte »Landschaft« bedeuten diese Erkenntnisse, dass ein Mittelweg zwischen den momentan existierenden Polen einer analytischen, zerlegenden und einer künstlerischen, ästhetischen Sichtweise möglich wird. Für das im dritten Kapitel behandelte »Entwerfen« bedeuten diese Erkenntnisse, dass die evolutionäre, auf temporäre Passungen anstatt »wahrer« Lösungen hinzielende Handlungsweise des Entwerfens eine gleichberechtigte, immer wichtiger werdende Art der Wissensproduktion gegenüber der klassisch-analytischen ist. Die Entwerfer können von einer diffusen Randposition in ein vielschichtiger gewordenes Zentrum der Wissenschaften eintreten.

2. Landschaft

»Es steht nicht mehr ein ganzer Mensch einer ganzen Welt gegenüber, sondern ein menschliches Etwas bewegt sich in einer allgemeinen Nährlösung.«
Robert Musil (1978: 217)

»Wann immer ich das Thema Landschaft berührt habe, sind mir die Beine schwach geworden«, schreibt der britische Architekturtheoretiker Paul Shepheard. (Shepheard 1994: 115) In der Tat, Landschaft ist ein vielschichtiger Begriff, und nicht wenige, die sich einer Landschaftsprofession zurechnen, fangen an zu stottern, wenn die Frage »Was ist Landschaft?« beantwortet werden soll. Einige Autoren wie Beate Jessel meinen gar, »daß ein umfassender und allen Sichtweisen gerecht werdender Begriff von Landschaft wohl kaum definiert werden kann«. (Jessel 1995: 7). Andere wie Werner Flach behaupten: »Es ist keineswegs so, daß der Begriff der Landschaft letztlich sich nicht klären ließe, daß man sich bescheiden müsse, die Bedeutung von Landschaft im einen Kontext, im anderen Kontext, im wieder anderen Kontext zu suchen. Wenn das behauptet wird, so ist in dieser Behauptung eine fachwissenschaftliche Borniertheit zu sehen. Denn gewiß kann die Fachwissenschaft nur ihren Landschaftsbegriff klären. (…) affirmativ aufeinander bezogen sind die verschiedenen Landschaftsbegriffe nur in ihrem Kerngedanken. Und der liegt jenseits der Themenstellung von Fachwissenschaften in der Ebene der philosophischen Thematik der Begründung des Begriffes in seiner ganzen Vielaspektigkeit.« (Flach 1986:13)

Ziel des folgenden Kapitels ist es, diesen Kerngedanken aus der Analyse bisheriger und aktueller Begriffsdefinitionen neu zu entwickeln. Dieser Landschaftsbegriff ist allgemein und fachübergreifend. Die Aufgabe, ihn für Fachwissenschaften zu spezifizieren, wird hier nicht unternommen.

2.1 Ausgang

Die abendländische Bedeutungsgeschichte des Begriffes »Landschaft« ist gut erforscht. Die etymologische Exegese gehört zum

Standard fast aller Abhandlungen zum Landschaftsbegriff und Autoren verschiedenster sprachlicher Herkunft kommen übereinstimmend zu dem Ergebnis, dass es zwei Bedeutungstränge gibt: Einerseits im Sinne von »Regio« als politisch-räumlicher Bezeichnung, andererseits »Szenerie« als Bild eines idealisierten Mensch-Natur-Verhältnisses. (u. a.: Jackson 1984: 1f.; Hard 1970: 230f.; Jessel 1998: 14f.)

Regio

Der älteste Nachweis des Begriffes »Landschaft« findet sich in einer althochdeutschen Übersetzung von 830, wo das lateinische »omnia regio circum Jordanem« mit »a thiu *landscaf* umgi Jordanem« übersetzt wird. (Troll 1963: 255) Im Sinne von »regio« steht »landscaf« hier für einen von Menschen besiedelten Raum mit »gewissen einheitlichen rechtlichen und sozialen Normen«. (Müller 1977 zit. n. Piepmeier 1980: 10) Für den englischen Sprachraum zeigt Jackson auf, dass »landscape« ebenso im Sinne von »region« vor über tausend Jahren für ein »small cluster of plowed fields« stand. (Jackson 1984: 7)

Diese beiden aus dem Mittelalter stammenden Beispiele zeigen eine – im Vergleich zu unseren heutigen, reichhaltigen Landschaftsvorstellungen – eher nüchterne Bedeutung von Landschaft als ein vom Menschen organisierter, politisch definierter Raumausschnitt. Allerdings zeigt sich schon die wesentliche Qualität des Begriffes, zu versammeln und in Beziehung zu setzen, was in der Silbe »-schaft« bzw. »-scape« begründet ist. Jackson zeigt ein frühes Beispiel für diese Qualität von »-scape«: »Ein englisches Dokument aus dem zehnten Jahrhundert erwähnt die Zerstörung eines, wie es dort heißt, ›waterscape‹. Was kann damit gemeint sein?« (...) Es »war ein System von Rohren, Abflüssen und offenen Leitungen, das ein Wohnhaus und eine Mühle versorgte. Aus dieser Informationsquelle können wir zwei Dinge lernen. Erstens, dass unsere Vorfahren im dunklen Mittelalter Fähigkeiten besaßen, die wir ihnen nicht zugetraut hätten, und zweitens, dass das Wort ›scape‹ auch etwas wie Organisation oder System bedeuten kann.« (Jackson 1984: 7)

Bezog sich dieser Landschaftsbegriff mit seinen synthetischen Qualitäten anfangs nur auf politisch definierte Räume, dehnte er sich mit der Neuzeit sukzessive auf natürliche, definierte Räume aus. (Jessel 1998: 14) Dieser Bedeutungsstrang wurde so zum Ursprung der modernen kausal-genetischen Landschaftsforschung bzw. einer »Auffassung von ›Landschaft‹ als räumlich-materieller Einheit von konkreter Beschaffenheit bzw. einer räumlichen Abfolge von Ökotopen als strukturellen Einheiten«. (ebd.)

Landschaft – Ausgang

Szenerie

Diese Wortbedeutung entwickelte sich seit dem 15. Jahrhundert als »Fachterminus der Malerei für die Darstellung eines Naturausschnittes«. (Piepmeier 1980: 10) Waren vorher die Hintergründe von Heiligenportraits durch einen einheitlichen, *flächigen* Goldgrund gekennzeichnet, etablierte sich nun mit Beginn der Neuzeit ein gemalter, *räumlicher* Naturausschnitt als Hintergrund. Die Ursache für diese kunsthistorisch bedeutsame Neuerung sieht Rolf Gruenter im »Raumdurst« der frühen Neuzeit: »Der ›Raumdurst‹ des beginnenden 15. Jahrhunderts führte zur Entdeckung der perspektivischen Gesetze. Was sich zuerst in einer äußersten Anordnungsdichte der Gegenstände, als Überfüllung der Bildfläche niederschlug, verwandelte sich in der letzten Phase in eine neue dimensionale Qualität. Die Fläche wurde zum Raum. Man erfaßte das flächenhafte Gegenstandsbeieinander ›von einem Standpunkt‹ aus, und ›alle Einzelheiten wurden dem raumlogischen Zusammenhang eingeordnet‹. Somit wurde ein Konglomerat von Naturgegenständen gleichsam durch eine geniale kaleidoskopische Umdrehung plötzlich als *Landschaft* gesehen.« (Gruenter 1953: 155f.)

II-1: »Landschaft mit der Flucht nach Ägypten« (Claude Lorrain)

In der Folge entwickelte sich dann die Gattung der Landschaftsmalerei, die über die Landschaftsportraits der Niederländer ihren Höhepunkt bei Lorrain oder in Poussins »paysage idéal« als idealisiertem Konstrukt des menschlichen Geistes fanden.

Ritters ästhetischer Landschaftsbegriff

Bevor aber dieser neue landschaftliche Blick beziehungsweise dieser »Raumdurst« entstehen konnte, bedurfte es eines weiteren geistesgeschichtlichen Vorlaufes, der, Joachim Ritters viel zitiertem Aufsatz »Landschaft« (Ritter 1962) folgend, mit dem Aufstieg Petrarcas auf den Mount Ventoux als Meilenstein der Neuzeit beginnt. In Petrarcas Brief vom 26. April 1336 wird zum ersten Mal die Betrachtung der Natur aus ästhetischen Gründen dokumentiert. Gab es vorher religiöse oder militärstrategische Gründe, einen Berg zu besteigen, zählte für Petrarca »einzig die Begierde, die ungewöhnliche Höhe dieses Fleckes Erde durch Augenschein kennenzulernen«. (Petrarca zit. n. Piepmeier 1980: 12) Ritter deutet diesen von Petrarca erstmals beschriebenen ästhetischen Landschaftsblick philosophisch als eine neue Form der Theorie im Sinne einer ganzheitlichen Betrachtung des Kosmos. Dieser landschaftliche Blick stellt für Ritter eine geradezu notwendige Kompensation für eine mit der Neuzeit beginnende Verlusterscheinung dar: Aufgrund der zunehmenden wissenschaftlichen Objektivierung wird die Natur in Einzelteile klassifiziert, bei gleichzeitigem Entzug des metaphysischen Kitts, der sie bis zum Mittelalter zusammenhielt – eine zusammenhängende Schau ist *begrifflich* unmöglich geworden, sie gelingt nur noch *ästhetisch*. In einer Interpretation von Alexander von Humboldts »Entwurf einer physischen Weltbeschreibung« drückt Ritter es folgendermaßen aus: »Die ästhetische Natur als Landschaft hat so im Gegenspiel gegen die dem metaphysischen Begriff entzogene Objektwelt der Naturwissenschaft die Funktion übernommen, in ›anschaulichen‹, aus der Innerlichkeit entspringenden Bildern das Naturganze und den ›harmonischen Einklang im Kosmos‹ zu vermitteln und ästhetisch für den Menschen gegenwärtig zu halten: ›Um die Natur in ihrer ganzen Größe zu schildern‹, darf man daher ›nicht bei den äußeren Erscheinungen allein verweilen‹; (…) die Natur muß dargestellt werden, ›wie sie sich im Inneren der Menschen abspiegelt, wie sie durch diesen Reflex bald das Nebelland physischer Mythen mit anmutigen Gestalten füllt, bald den edlen Keim darstellender Kunsttätigkeit entfaltet‹.« (Ritter 1962: 153)

Für diesen »inneren«, ästhetischen Landschaftsbegriff entwickelt Ritter folgende Definition: »Landschaft ist Natur, die im Anblick für einen fühlenden und empfindenden Betrachter ästhetisch gegenwärtig ist.« (ebd.: 150) Naturelemente werden erst dann zur Landschaft, »wenn sich der Mensch ihnen ohne praktischen Zweck in ›freier‹ genießender Anschauung zuwendet, um als er selbst in der Natur zu sein.« (ebd.: 151)

Die Tatsache, dass die Natur durch die naturwissenschaftliche Methodik dissoziert wird und eine kosmische Gesamtschau nur noch durch die ästhetische Vergegenwärtigung des Naturganzen im landschaftlichen Blick möglich ist, lässt die Frage auftauchen, was Ritter unter Naturganzem versteht und wo es zu finden ist. Ritter entwickelt hierfür den Begriff der »umruhenden Natur«, das heißt die nicht vom Menschen angeeignete Natur. Diese Einschränkung ist eine logische Folge aus der »Entzweiungsstruktur der modernen Gesellschaft«: »Wo die Entzweiung der Gesellschaft und ihrer ›objektiven‹ Natur von der ›umruhenden‹ Natur die Bedingung der Freiheit ist, da hat die ästhetische Einholung und Vergegenwärtigung der Natur als Landschaft die positive Funktion, den Zusammenhang des Menschen mit der umruhenden Natur offen zu halten und ihm Sprache und Sichtbarkeit zu verleihen.« (ebd.: 161)

Diese umruhende Natur ist eng gekoppelt an ein räumliches Gegenüber, das sich in Form der modernen Stadt zur gleichen Zeit entwickelte wie die naturwissenschaftliche Erschließung der Welt. »Was das 13. und 14. Jahrhundert für das Heraufkommen der Neuzeit bedeutet, ist umstritten und zu einem großen Teil noch unerforscht. B. Nelson nennt aber Fakten, deren Bedeutung nicht zu leugnen ist, ›die Rezeption des neuen Aristoteles, die Rezeption des römischen Rechts, die Entwicklung des kanonischen Rechts, die Erneuerung der griechischen politischen Philosophie, die Entstehung der Universitäten, die Entwicklung der

Landschaft – Ausgang 55

II-2: »Umruhende Natur« (Ausschnitt aus Tizians »Himmlische und irdische Liebe«)

scholastischen Philosophie, der natürlichen Theologie, der Naturwissenschaft, die Herausbildung kritischer Logiken mit dem ›Gerichtshof des Gewissens‹ in allen Bereichen von Denken und Handeln‹. *In dieser Zeit bildet sich die ›Stadt‹ als eine bisher in der Geschichte in dieser Form kaum gekannte Art des Zusammenlebens und Wirtschaftens. Diese ›Stadt‹ ist das Korrelat der ›Landschaft‹.*« (Piepmeier 1980: 12; kursiv M. P.)

Diese Einschränkung des ästhetischen Landschaftsbegriffes auf die umruhende Natur bedeutet, dass die Szenerien, die dieser Begriff in Bildern, Gärten oder Literatur produziert, immer für »nicht-menschlich angeeignete Natur« stehen. Auch wird ihr utopisches Potenzial klar, denn je größer die Unzufriedenheit mit der angeeigneten Natur der Moderne und ihrem rationalen und linearen Charakter, desto größer die Sehnsucht nach dem Gegenteil, der umruhenden Natur, in der das arkadische Ideal einer harmonischen Mensch-Natur-Beziehung wieder verwirklicht werden kann.

Dieser Exkurs zum ästhetischen Landschaftsbegriff verdeutlicht, das erst durch die spezifischen Bedingungen zu Beginn der Neuzeit das »landschaftliche Auge« (Riehl 1862 zit. n. Piepmeier 1980: 13) erwachen und in der Folge der »Raumdurst« entstehen konnte. Die neu erlernte, ins Innere verlegte ganzheitlichen Schau ermöglichte erst die malerische Idealisierung der Naturausschnitte und die etymologische Entstehung des starken Bedeutungsstranges »Szenerie«. Diese über die reale Erscheinung hinausgehende Idealisierung der Natur gipfelte in der Landschaftsmalerei eines Lorrain oder Poussin, in die nun auch der Mensch harmonisch eingegliedert wurde. Die arkadischen Szenen dieser Bilder wiederum dienten als Vorbilder für den Landschaftsgarten, der als Gesamtkunstwerk zum Inbegriff eines geglückten Mensch-Natur-Verhältnisses wurde. Auch in der Literatur der Romantik wurde Landschaft als Synonym für Arkadien zu einem zentralen Thema, so dass dieser szenische Begriff von Landschaft über diese Kunstgattungen tief ins gesellschaftliche Bewusstsein eindringen konnte und noch heute wirksam ist.

Die gegenwärtige alltagssprachliche Bedeutung

Der szenische Bedeutungsstrang als ästhetischer Landschaftsbegriff bestimmt bis heute unsere Vorstellung von Landschaft. Der Philosoph Werner Flach nennt diesen Strang »den nach einer langen Vorbereitung am Ende des 18. Jahrhunderts etablierten und seither befestigten Kerngedanken der modernen Landschaftsvorstellung«. (Flach 1986: 12) Diese These wird durch Gerhard Hards semantische Untersuchungen bestätigt. In wiederholten, umfangreichen sprachpsychologischen Tests (Hard 1970; Hard/ Gliedner 1978) fand er heraus, dass Landschaft eine stabile alltagssprachliche Bedeutung aufweist, die er folgendermaßen zusammenfasst: »Eine Landschaft (…) ist still, schön, ländlich, grün, gesund und erholsam, harmonisch, mannigfaltig und ästhetisch. Sie ist zudem immer noch von einem Schwarm arkadischer Assoziationen umgeben: Glück, Liebe, Muße, Frieden, Freiheit, Geborgenheit, Heimat (…) Sie symbolisiert gewachsen-verwurzelte Kultur gegen falschen Fortschritt und leere Zivilisation, und sie ist zugleich *der* Gegenstand, *das* ideale Gegenüber für das (Natur-)Erleben eines gemüt- und seelenvollen modernen Subjekts.« (Hard 1991: 14)

Eine Befragung von Teilnehmern einer Tagung zur Zukunft der Landschaft Mitte der 1990er Jahre konnte diese Stabilität des Sprachzeichens »Landschaft« mit ähnlichen Ergebnissen noch bestätigen: Spontan zu nennende Assoziationen zu Landschaft »knüpfen sich mit Begriffen wie ›schön‹, ›harmonisch‹, ›Stimmung‹ oder ›Sehnsucht‹ vor allem an ästhetisch positive Eindrücke und das Bild einer ländlichen Idylle, weiterhin mit Begriffen wie ›Glück‹, ›Frieden‹, ›Freiheit‹ an Attribute eines guten Lebens sowie an Ganzheit und Harmonie belegte Ausdrücke. Kaum jemand hingegen wird auf unsere Frage hin Landschaft spontan mit ›häßlich‹, ›abweisend‹ oder ›disharmonisch‹ verbinden.« (Jessel 1995: 7)

Diese Untersuchungen zeigen, mit welcher Macht die arkadischen Vorstellungen des ästhetischen Landschaftsbegriffes in den letzten Jahrhunderten ins abendländische Bewusstsein eingesickert sind. Angesichts dieser Stärke und der äußerst positiven Besetzung des Begriffes scheint es absurd, dieses Konstrukt zu kritisieren oder umbauen zu wollen. Wie und warum dieses dennoch in den letzten Jahren geschieht, soll im folgenden Abschnitt gezeigt werden.

2.2 Ausweitung

Der aus der Romantik stammende, noch heute wirksame szenische Bedeutungsstrang von Landschaft wird in den letzten Jahren zunehmend kritisiert. Das arkadische Ideal, das auf einem Bild der vorindustriellen Kulturlandschaft basiert, blockiert immer noch die Entwicklung neuerer, weniger festgefügter Bilder von Landschaft. Ein Loslösen aus dieser romantischen Umklammerung erfordert ein neues Verständnis, einen neuen Begriff von Landschaft. Grundlegende Arbeiten für diesen Umdenkprozess wurden Anfang der 1980er Jahre vom deutschen Philosophen Rainer Piepmeier und vom amerikanischen Landschaftsforscher John Brinckerhoff Jackson geleistet.

Rainer Piepmeier: Landschaft als menschlicher Möglichkeitsraum

1980 konstatiert Rainer Piepmeier das Ende der ästhetischen Kategorie »Landschaft«. Die Argumentation Ritters nachzeichnend stellt er fest, dass der ästhetische Landschaftbegriff notwendig des Korrelates der Stadt bzw. der angeeigneten Natur bedarf und sich selbst auf das Gegenüber, die freie, umruhende Natur bezieht. Die Existenz dieses für den ästhetischen Landschaftsbegriff konstitutiven Verhältnisses stellt er angesichts der 1980 fast vollständig angeeigneten Natur in Frage: »Die ästhetische Funktion des ländlichen Gefildes als der freien Natur ist (…) vergangen, wenn das Gefilde Gegenwart wurde als flurbereinigte Traktorenlandschaft oder auch als Erholungslandschaft, die ja bereits angeeignete Natur ist. Damit ist prinzipiell die für Ritters Landschaftskonzept grundlegende Trennung von Stadt und Land als Landschaft aufgehoben. Das Moment des ›Hinausgehens‹ hat die Möglichkeit seiner Realisation verloren.« (Piepmeier 1980: 34)

Ohne Korrelat, ohne Gegenüber bricht die Statik des ästhetischen Landschaftsbegriffes zusammen. Piepmeier fordert deshalb eine »umwendende Neuorientierung« und entwickelt eine Definition von Landschaft, die nicht von einer Vorstellung idealer Natur abhängt, sondern den Prozess der Naturaneignung thematisiert und zur Kenntnis nimmt, dass Natur inzwischen umfassend zum »Artefakt« geworden ist:

»Landschaft ist der durch menschliche Arbeit und menschliches Handeln angeeignete Raum menschlichen Lebens. Es ist der natürliche Raum, in dem der Mensch lebt und der die Natur umfasst, von dessen Ressourcen er lebt. Dieser Landschaftsbegriff konzeptualisiert also die natürlichen Grundgegebenheiten und die Auswirkungen der historischen Bedingungen, unter denen die Ressourcen angeeignet werden.« (ebd.: 38)

Diese Definition ist wertneutral und beinhaltet kein anzustrebendes Ideal, keine arkadische Utopie: Landschaft ist »nicht per se Ort des Glücks, sondern kann auch Ort des Unglücks sein«. (ebd.: 39) Sie umfasst den gesamten Raum menschlichen Lebens, der als Produkt menschlicher Tätigkeit immer wieder neu gestaltet werden muss zur »Entfaltung menschlicher Möglichkeiten«. (ebd.: 39)

John Brinckerhoff Jackson: Landschaft als menschgemachtes, dynamisches Gefüge

Während Piepmeiers Kritik an der *räumlichen* Unmöglichkeit ansetzt, Arkadien angesichts einer total angeeigneten Natur noch wahrnehmen zu können (selbst jede Wildnis ist heute eine menschliche Setzung), zielt die Kritik des amerikanischen Landschaftsforschers J. B. Jackson vor allem auf die Unveränderlichkeit, die *zeitliche* Starrheit des szenischen Landschaftsbegriffes ab: Arkadien als Ideal, das so und nicht anders verwirklicht werden soll, und wenn es erreicht ist, soll es so bleiben.

J. B. Jackson bezeichnet die beiden oben als »Regio« bzw. »Szenerie« bezeichneten Begriffsstränge von Landschaft in seinen Schriften als »Landschaft Eins« bzw. »Landschaft Zwei« und kritisiert hier die hartnäckige Wirkungsmacht der arkadischen »Landschaft Zwei«: »In Dingen, die mit der natürlichen Umwelt zu tun haben, sind die meisten von uns Kinder der Landschaft Zwei. Von diesem Elternteil haben wir nicht nur gelernt, die Welt um uns herum zu studieren, sondern sie zu hegen und in einen Zustand dauerhafter Perfektion zu bringen. Es war die Landschaft Zwei, die uns gelehrt hat, dass die Kontemplation der Natur ein Erkennen der unsichtbaren Welt, und von uns selbst, sein kann.

Aber es war auch die Landschaft Zwei, die uns die Meinung auferlegt hat, es könne nur eine Art von Landschaft geben: eine Landschaft, die sich durch eine sehr statische, sehr konservative soziale Ordnung auszeichnet, und dass es nur eine wahre Philosophie der Natur geben kann: diejenige der Landschaft Zwei.« (Jackson 1984: 155)

Diese exklusive, statische Vorstellung von Landschaft hat wenig zu tun mit den – gerade in seinem Heimatland Amerika – immer schneller werdenden Veränderungszyklen in der Landschaft: Fast-Food Restaurants, die nach einem Jahr schon wieder abgerissen werden, Felder, deren Anbauprodukte sich je nach Weltmarkt- und Subventionslage ständig ändern, Wohnwagenparks, die nach den Ferien wieder verschwinden, Tropenlandschaften in Shopping-Malls, die jedes Jahr ausgewechselt werden, usw. Die Auseinandersetzung mit dieser Situation sieht Jackson als neue und wichtige Herausforderung: »Ich hoffe, dass die Profession der Landschaftsarchitektur zukünftig über ihre gegenwärtigen, durch die Landschaft Zwei etablierten Grenzen hinausgeht und ihren Beitrag leistet, um Dynamik geordnet und schön zu machen«. (ebd.: 155) Dass es dabei nicht um eine Bewahrung gegenwärtiger Natur gehen kann, sondern um die Gestaltung neuer Natur, neuer Schönheit, ist einleuchtend.

Da diese pragmatische und prozessuale Auffassung von Landschaft nichts mehr mit einer »Landschaft Zwei« zu tun hat, die an vergangenen Formen und Lebensweisen hängt, entwickelt er notwendigerweise eine neue Definition für die zeitgenössische Landschaft, die er »Landschaft Drei« nennt:

»Landschaft ist nicht Szenerie, sie ist nicht eine politische Einheit; sie ist nicht mehr als eine Sammlung, ein System menschgemachter Räume auf der Erdoberfläche. Egal, welche Form oder Größe sie hat, sie ist niemals nur ein natürlicher Raum, ein Bestandteil der natürlichen Umwelt; sie ist immer künstlich, immer synthetisch, immer unvorhersehbaren Veränderungen unterworfen. Wir gestalten sie und brauchen sie, denn jede Landschaft ist der Ort, wo wir unsere eigene, menschliche Organisation von Raum und Zeit etablieren. Dort werden die langsamen, natürlichen Prozesse von Wachstum, Reife und Verfall bewusst untergeordnet und durch menschliche Geschichte ersetzt. Eine Landschaft ist der Ort, wo wir das kosmische Programm beschleunigen, verlangsamen oder auseinanderdividieren und damit unser eigenes Programm aufstellen.« (ebd.: 156)

Mit dieser Definition macht Jackson deutlich, dass es nicht wie beim ästhetischen Landschaftsbegriff bzw. der Landschaft Zwei ein anzustrebendes Ziel gibt wie Arkadien, das sowohl ideelle als auch visuelle Gestalt hat, sondern dass Landschaft eine zeitlich und räumlich offene Idee ist.

Landschaft Drei

Zusammenfassend lässt sich sagen, dass die Definitionen von Piepmeier und Jackson dem ästhetischen Landschaftsbegriff im Sinne von Ritter die zentralen Säulen rauben, ohne die er zerbricht: *Es gibt kein Gegenüber mehr*, für das er als Kompensation dienen kann, und *es gibt keinen Idealzustand mehr*, den er verkörpern kann. Stattdessen stellt sich die neue Auffassung von Landschaft als »dynamisches Gefüge menschgemachter Räume« (nach Jackson, s. o.) nun dem ganzen Raum (statt nur der umruhenden Natur) und betrachtet den ständigen Wandel als konstitutiv (statt auf einen Idealzustand hinzusteuern). Statt transzendentaler Ziele wie »Vergegenwärtigung des Naturganzen« (Ritter 1962: 153) stehen nun eher pragmatische, immanente Ziele im Vordergrund wie »den Raum der angeeigneten Natur zum Raum menschlichen Leben und Wohnens zu machen, der die elementaren Bedingungen der Gesundheit sichert, aber auch die der *Entfaltung menschlicher Möglichkeiten* über Arbeit und Nutzen hinaus.« (Piepmeier 1980: 39; kursiv M. P.)

Auf dieser neuen, von Piepmeier und Jackson geprägten Vorstellung der »Landschaft Drei« als dynamisches Gefüge menschgemachter Räume bauen viele Arbeiten zur Landschaftstheorie der letzten zwanzig Jahre auf. Im Folgenden sollen drei Konzepte vorgestellt werden, die die Vorstellung vom »Verlust des Gegenübers« und vom »Verlust des Idealzustandes« teilen. Im Gegensatz zu Piepmeier und Jackson, die beim Begriff »Landschaft« bleiben, schlagen die vorgestellten Autoren einen neuen Begriff bzw. Begriffserweiterungen für das Phänomen eines »dynamischen Gefüges menschgemachter Räume« vor. Nach einer kurzen Vorstellung werden die drei Konzepte jeweils hinsichtlich ihrer Thematisierung von »Verlust des Gegenübers« und »Verlust des Idealzustandes« beschrieben, abschließend erfolgt ein Kommentar über die Potentiale des neuen Begriffs.

Totale Landschaft

Unter der Maßgabe: »Nur wenn wir heute Abschied nehmen vom Mythos dessen, was den Romantikern noch ›Natur‹ war, können wir zu einer sinnvolleren Gestaltung unserer Umwelt gelangen« (1997: 7), entwickelt der Historiker Rolf Peter Sieferle einen »Rückblick auf Natur«, so der bezeichnende Titel seines Buches. Die Basis seiner historischen Beschreibung des Wandels des Mensch-Natur-Verhältnisses ist die Verfügbarkeit von Energie, welche den kulturellen Einfluss auf Natur bestimmt. Er identifiziert drei verschiedene Phasen des kulturellen Einflusses, die er »Naturlandschaft«, »Agri-Kulturlandschaft« und »Totale Landschaft« nennt.

In der »Naturlandschaft«, die sich durch den Nicht-Einfluss des Menschen auszeichnet, schalten sich die Jäger- und Sammlergesellschaften in die natürlichen Energieflüsse ein, ohne sie nennenswert zu modifizieren. Das ändert sich vor ungefähr zehntausend Jahren mit der »Agri-Kulturlandschaft«, die durch Nutzpflanzenanbau und Nutzung von Wind- und Wasserkraft Energieüberschüsse produzieren kann. Durch geringe Mobilität und beschränkten Informationsfluss kommt es zu einer Vielfalt von kleinräumigen Adaptionen an lokale Umweltbedingungen – sowohl in der Stadt als auch auf dem Land.

Auf sie folgt, ungefähr vor zweihundert Jahren beginnend, eine lange Transformationsphase, die durch Industrialisierung und Modernisierung gekennzeichnet ist. Fossile Energien ermöglichen die Massenherstellung von Gütern und ihren einfachen Transport. Es entstehen homogene, industrialisierte Landschaftsbestandteile – neben Fabrikstandorten beispielsweise auch die genormten Nutzpflanzen, Infrastrukturen oder Walmdach-Fertighäuser –, was zu Anfang noch zu einem heterogenen Gemisch zwischen industriellen Archipelen und der traditionellen Agri-Kulturlandschaft führt.

Landschaft – Ausweitung

Mit zunehmender Beschleunigung und Ausweitung überzieht dieser Industrialisierungs- und Modernisierungsprozess sowohl Stadt und Land, die alten Bestandteile »verflüchtigen« sich. Es entsteht ein homogener Landschaftstypus, die »Totale Landschaft«.

Verlust des Gegenübers – Die Totale Landschaft als Artefakt

Die Modernisierungsprozesse, die den gesamten Erdraum überziehen, verwischen die Unterscheidung von Stadt und Land, beide verlieren ihr Gegenüber: »Der Gegensatz von Stadt und Land war für die agrarischen Zivilisationen von konstitutiver Bedeutung. Dieser Gegensatz löst sich in seiner überkommenen Form nun auf und zum Teil verkehrt sich die Topik von Stadt und Land, von Urbanität und Provinzialität in ihr Gegenteil. (…) Die Stadt ist ruhig, auf dem Land ist es laut. (…) Das Land ist geschäftig, pragmatisch, traditionslos; die Stadt ist beschaulich, träge und schützt ihre Denkmäler. Schließlich ist die Stadt naturfreundlich, während das Land die Natur haßt und bis zur Ausrottung verfolgt.« (Sieferle 1997: 192f.) Ähnlich ist es mit der Unterscheidung zwischen Industriegebiet und Naturraum. Beispiele wie die Internationale Bauausstellung »Emscher Park« zeigen, dass auch dieser vormals ökologische Gegensatz eingeebnet wird. (Sieferle 1997: 208)

In der »Totalen Landschaft« ist die alte Kulturlandschaft nur noch ein künstliches Reservat. Dieser Artefaktcharakter betrifft nun alle Bestandteile der Landschaft – ob Naturschutzgebiete oder Gewerbegebiete, alle sind Konstrukte.

Verlust des Idealzustandes – Die Totale Landschaft als zielloser Prozess

Das Aussehen der »Totalen Landschaft« lässt sich als mobilisierte Stillosigkeit beschreiben. Durch die kontinuierlich hohen Energiedurchflüsse entstehen nur noch flüchtige Muster ohne erkennbaren, stabilen Endzustand. Die totale Landschaft ist kein Zustand, sondern ein Prozess: »Die Transformationsphase, in der wir uns weiterhin befinden, besitzt jedoch kein erkennbares Ziel. In ihr geht es nicht wie in früheren Epochenbrüchen darum, daß sich die stilistische Identität einer Kultur wandelt, daß also eine ältere von einer neueren Figur abgelöst wird. Wir haben es vielmehr mit einer generellen Lockerung zu tun, mit einer kulturellen Dezentrierung, in der keine neuartigen stabilen Zustände aufgebaut werden. Der spezifische Charakter dieser Situation liegt gerade darin, daß die Verfestigung von Strukturen unterbunden wird. Das System hat nicht lediglich die stilistische Farbe geändert, in welche die kulturelle Welt getaucht ist. Es ist nicht etwa in einen neuen

II-3: Totale Landschaft

Zustand übergegangen, der als die ›Moderne‹ fixiert werden könnte, sondern an die Stelle einer bestimmten Farbe ist ein ganzes Kaleidoskop getreten.« (Sieferle 1997;181f.)

Sieferle leistet damit eine glänzende Analyse der Geschichte der Landschaft. Die derzeitige Situation der Landschaft als »Totale Landschaft« ist so verschieden von dem, was allgemeinsprachlich unter Landschaft verstanden wird, dass seine Hinzufügung des Adjektivs »total« verständlich ist – nur so gelingt es ihm, die Neuheit seiner Sichtweise gegenüber dem ästhetischen Landschaftsbegriff zu verdeutlichen. Vor dem Hintergrund einer Vorstellung von »Landschaft Drei« als »Gefüge menschgemachter Räume« ist »Totale Landschaft« allerdings ein unnötiger Pleonasmus (Gleiches gilt für den derzeit populären Begriff »urbane Landschaft«, der hier aber nicht diskutiert werden soll).

Territorium

Der Schweizer Architekturhistoriker Andre Corboz führt in seinem Text »Das Territorium als Palimpsest« den Begriff »Territorium« ein, der für das umfassende »physische und mentale Gebilde« (Corboz 2001: 143) steht, das Stadt und Land übergreift. Er wird nötig, weil es kein »Land« mehr gibt und ein neuer, umfassender Begriff die nicht mehr mögliche dualistische Raumbeschreibung ersetzen muss.

Landschaft – Ausweitung

Verlust des Gegenübers – Das Territorium als Produkt

Die Gründe für das Verschwinden des Stadt-Land-Gegensatzes sieht Corboz vor allem in der Ausdehnung der urbanen Lebensform. Dies führt sowohl zu mentalen als auch physischen Veränderungen des Landes. Mental hat sich das Land vor allem seit dem zweiten Weltkrieg verstädtet: »Dieser Prozeß ist durch die Massenmedien vorangetrieben worden: Schneller als die Eisenbahn im letzten Jahrhundert haben Radio und vor allem das Fernsehen Verhaltensweisen verändert, indem sie den Menschen kulturelle Reflexe adressiert und ihnen so eine Angleichung der Lebensformen nahegebracht haben. Von dieser anthropologischen Warte aus betrachtet ist der Gegensatz zwischen Stadt und Land verschwunden, weil die Stadt den Sieg über das Land davongetragen hat. ›Stadt‹ ist also nicht unbedingt dort, wo eine dichte Bebauung vorherrscht, sondern dort, wo sich Bewohner eine städtische Mentalität angeeignet haben.« (ebd.: 146) Auch physisch ist das Land schon lange nicht mehr die »menschenleere grüne Landschaft«, als die es sich dem Städter früher dargestellt hat: »Der Bau von Autobahnen, Eisenbahnen und Flughäfen und aller damit zusammenhängenden Einrichtungen, die systematische Ausstattung auserwählter Küstengebiete mit allem, was der Sommertourismus zu bieten hat, und diejenige der Bergregionen, wo Landwirtschaft und Besiedlung sich nicht lohnen, mit allem, was man in den Winterferien benötigt, sind die sichtbarsten Spuren einer im wesentlichen städtischen Aktivität, deren Ziel es ist, dem Städter die ganze Welt zur Verfügung zu stellen.« (ebd.: 147) Diese umfangreiche Besitzergreifung ist grundsätzlich eine Form der Gestaltung, weshalb das Territorium Produktcharakter hat. Es wird »zum Objekt einer Konstruktion, zu etwas Künstlichem und ist von diesem Zeitpunkt an auch *Produkt*.« (ebd.: 148)

Verlust des Idealzustandes – Das Territorium als Projekt

Das Territorium unterliegt kontinuierlichen Veränderungen. Diese sind einerseits natürlicher Art in Form geologischer oder meteorologischer Prozesse, die zumeist aufgrund ihrer Langsamkeit weniger wahrgenommen werden, andererseits übt der Mensch ständig Einfluss aus: »Die Bewohner eines bestimmten Territoriums streichen in dem alten Buch des Bodens immer wieder etwas aus und schreiben es neu.« (ebd.: 148)

Diese Prozesse erzeugen eine Dynamik, die ihre Fortsetzung findet »in der Idee von der unaufhörlichen Perfektionierung der Ergebnisse, bei der ein effizienteres Erfassen aller Möglichkeiten, eine vernünftigere Verteilung von Gütern und Dienstleistungen und eine angemessenere Führung und Innovationen in den Institutionen miteinander verbunden werden. Das Territorium ist also auch ein *Projekt*.« (ebd.: 149)

Corboz betont, dass jedes territoriale Projekt ein imaginäres Ziel hat, das niemals nur quantitativ ist, sondern mit Bedeutung aufgeladen wird. »Alle Arten von *Projekt*ionen knüpfen daran an und machen es zum Subjekt.« (ebd.: 149, kursiv M. P.)

Diese Projektionen, die nichts anderes sind als die Basis für die zukünftigen Gestaltungen, folgen aufgrund der Dynamik und Komplexität der territorialen Prozesse einer Ästhetik, die nichts mehr mit arkadischen Harmonievorstellungen zu tun haben kann. Das Territorium ist vielmehr »Ort des Unzusammenhängenden, des Heterogenen, des Bruchstückhaften und der ununterbrochenen Umgestaltung«. (ebd.: 72) Auf Basis dieser These entwirft Corboz dann einen Ausblick auf die Planung des Territoriums. Seine These ist, dass diesem dynamischem Projekt nicht mehr mit Planung »im Sinne einer absoluten Kontrolle, der Ausschaltung des Unvorhersehbaren und der gleichzeitigen Errichtung einer ebenso perfekten wie definitiven Ordnung« (2001: 72) begegnet werden kann. Bezüglich zukünftiger Alternativen zu dieser Planung konstatiert Corboz, dass diese Aufgabe besonders schwierig ist und im Planungsbereich eine kopernikanische Wende mit einer radikalen Änderung des Denkens eingeleitet werden muss. Bei dieser Beschreibung der Problemlage belässt es Corboz, Lösungsvorschläge kann er nicht anbieten. In jedem Fall wird klar, dass das *Projekt* Landschaft sich nicht mehr an einem Idealzustand von pastoraler Harmonie orientieren kann.

Angesichts des von ihm konstatierten Sieges der Stadt über das Land könnte es sich Corboz leicht machen und das uns umgebende mentale und physische Gebilde auf allen räumlichen Ebenen, sei es regional, national oder übernational, »Stadt« nennen – die »Totale Stadt«. Stattdessen stellt er aber ein begriffliches Vakuum für das Urbanisierungsphänomen fest und schlägt den Begriff »Territorium« vor. Er kann sich damit – auch in der Klangfarbe – deutlich von den alten, dualistisch operierenden Begriffen Stadt und Land absetzen und schärft damit das Bewusstsein, dass wir es mit einem neuen Phänomen zu tun haben. Allerdings ist der Begriff etymologisch stark dem oben genannten ersten Bedeutungsstrang von Landschaft, der »Regio« als politisch-administrativem Begriff, zugeordnet. Diese Einschränkung wird deutlich, wenn der Autor die »bedeutungsträchtigen Begrifflichkeiten der Alltagssprache« zusammenfasst: »Das Wort *Territorium* versinnbildlicht dort die Einheit der Nation oder des Staates, bezeichnet aber ebenso landwirtschaftlich genutzte Flächen wie auch solche, die der Erholung dienen.« (ebd.: 144) Diese Begrifflichkeiten machen deutlich, dass das »Territorium« nicht die Spannweite hat wie die »Landschaft Drei« im Sinne von Piepmeier und Jackson.

Zwischenstadt

Mit der Erkenntnis, dass die historische europäische Stadt nicht in die Zukunft zu retten ist, startet der Städtebauer Thomas Sieverts 1997 seinen Essay »Zwischenstadt«. Er möchte »ein Plädoyer für die Wahrnehmung der Chancen der Zwischenstadt« (Sieverts 1997: 10) leisten, dieser Stadtform der verstädterten Landschaft beziehungsweise der verlandschafteten Stadt.

Verlust des Gegenübers – Die Zwischenstadt als »Cultura«

Die Aufhebung des Gegensatzes zwischen Stadt und Landschaft beschreibt Sieverts anhand der Analyse der Luftbilder der Siedlungsräume. War das Gegenüber der Stadt früher deutlich erkennbar – die Stadt als Insel im grünen Meer – ist die Siedlungsfläche heute so ausgeweitet, dass aus dem grünen Meer mehr oder weniger kleine Teiche im Siedlungsbrei geworden sind. Diese Teiche sind wie der Siedlungsbrei menschliche Konstrukte. Es »besteht zwischen Landschaft und Stadt das ökologische und kulturelle Kontinuum einer gebauten Struktur«. (ebd.: 53) Dieses Kontinuum der Zwischenstadt nennt er »›Cultura‹ in der ursprünglichen lateinischen Bedeutung des Be- und Gebauten« (ebd.: 53), d. h. der Begriff umfasst sowohl Felder, Wälder oder Gärten sowie Bebauung.

Verlust des Idealzustandes – Die Zwischenstadt als entwicklungsoffene Struktur

Wenn Sieverts das Bild der Zwischenstadt zu skizzieren versucht, fallen Worte wie »diffuse Struktur«, »keine eindeutige Mitte«, »viele mehr oder weniger funktional spezialisierte Bereiche, Netze und Knoten« (alle ebd.: 15) oder »große Zuordnungsfreiheiten«. (ebd.: 21) Das macht eine Diskussion über die Form der Zwischenstadt zweitrangig. (ebd.: 178) Ihre flexible Gestalt resultiert aus dem spezifischen, unvorhersehbaren Zusammenspiel einerseits der »unterschiedlichen natürlichen und kulturellen ›Begabungen‹ einer Region heraus, andererseits aus unterschiedlichen sozioökonomischen Bedingungen (Preise, Belastungen) und sozio-kulturellen Ansprüchen (Lebensstile, Kaufkraft).« (ebd.: 22) Innerhalb dieser Bandbreite der Faktoren könnte sich die Zwischenstadt zukünftig weiter entmischen oder punktuell verdichten, eine Prognose ist unmöglich. Die Zwischenstadt ist also eine entwicklungsoffene Struktur ohne anzustrebenden Idealzustand.

Aus dieser Perspektive ist es konsequent, die Idee einer »kreativ begriffenen Entwicklungsökologie« (ebd.: 68) ins Spiel zu bringen. Eine so verstandene Ökologie sucht nach »neuen Konzepten«, »neuen Landschaftsformen«, die Resultat einer offensiven

Hybridisierung von Technik und Natur sind. Sieverts wendet sich damit gegen eine dem ästhetischen Landschaftsbegriff entstammende Vorstellung von Naturschutz, die die Relikte der vorindustriellen Kulturlandschaft idealisiert und mit Hilfe der Eingriffs- und Ausgleichsregelung im Falle der Zerstörung reproduzieren möchte.

Dieser Essay hat für die Diskussion der aktuellen Tendenzen in der räumlichen Entwicklung große Bedeutung, weil er die Siedlungsausweitungen nicht mit der vorherrschenden, ablehnenden Haltung betrachtet. Sieverts Verdienst ist es, mit seinem weiten, kenntnisreichen Blick, der Planungstheorie, Soziologie, Ästhetik, Ökologie und vieles andere mehr einschließt, das flüchtige Phänomen »Zwischenstadt« begreifbarer zu machen und eine differenzierte Vision zu entwerfen. Problematisch bleiben einige zentrale Begriffe. Die Argumentation lebt von den Gegensatzpaaren Stadt und Landschaft, die zur Zwischenstadt verwischen – leider verwischt er den einen Antipoden dieses Gegensatzpaares, die »Landschaft«, fast bis zur Unkenntlichkeit, was die Verständlichkeit des Begriffes »Zwischenstadt« zwangsläufig schmälert. Sieverts verwendet zwar ein umfangreiches Kapitel darauf, Begriffe wie »Urbanität«, »Dichte«, »Zentralität«, »Mischung« und »Ökologie« zu definieren, aber »Landschaft« lässt er offen und versteht sie einmal als »Land«, ein anderes mal als »Natur«, »Freiraum« oder »Kulturlandschaft«, was zu vielen Unklarheiten führt. So heißt es etwa:

»Kulturlandschaft wird in den Ballungsräumen eine verstädterte Landschaft sein, eine Zwischenstadt zwischen Kultur und Natur.« (ebd.: 55)
Sieverts setzt hier »Kulturlandschaft«, »verstädterte Landschaft« und »Zwischenstadt« synonym, und alle drei Begriffe stehen für den gleichen Inhalt, der kulturell bzw. städtisch geprägt ist. Wie kann ein solcher kultureller Inhalt »zwischen Kultur und Natur« sein?

»Muß es nicht das Ziel sein, eine neue Symbiose zwischen Gebautem und Kulturlandschaft zu finden und zu entwickeln?« (ebd.: 68)
Was ist der Unterschied zwischen Gebautem und Kultur?

»Der Freiraum der Landschaft wird zu dem eigentlichen Gestaltungsfeld, das die Identität, die Eigenart der Zwischenstadt bewahren und herstellen muß.« (ebd.: 139)
Wenn es Freiraum innerhalb der Landschaft gibt, ist Landschaft dann nicht »Alles« und demnach das gleiche wie die Zwischenstadt?

Der Grund für diese Unklarheiten könnte sein, dass Sieverts als Architekt und Städtebauer den klassischen, ästhetischen Landschaftsbegriff trainiert hat und diesen nicht so weit ablegen kann,

Landschaft – Ausweitung

dass er einen Begriff von Landschaft als dynamischem Gefüge menschgemachter Räume einzuüben vermag. Bezüglich des Landschaftsbegriffes bleibt Sieverts Traditionalist – Sieferle und Corboz, beide Historiker, gehen weiter als er. Wenn man mit Piepmeier Landschaft als ästhetische Kategorie für beendet hält, kämpft Sieverts Gegensatzpaar Stadt – Landschaft ein Scheingefecht. Der problematische und undeutliche Begriff »Zwischenstadt« (»Zwischen« ist immer zwischen zwei Gegebenheiten – worauf bezieht sich dann das »Zwischen-« bei »Zwischenstadt«? In der englischen Ausgabe wurde, wahrscheinlich aufgrund dieser Probleme, auf eine direkte Übersetzung verzichtet – aber ist »Cities without Cities« befriedigend?) könnte durch das Konzept der »Landschaft Drei« ersetzt werden. Wenn Sieverts schreibt:

»Ansätze für eine Deutung und für eine Gestaltung finden sich vermutlich eher in Kategorien einer Auffassung der *Zwischenstadt als einer heterogenen Landschaft*, im Bild kaum durchschaubarer Milieus, im Erlebnis von Zeit in ihren verschiedenen Dimensionen, in Begriffen der Atmosphären« (ebd.: 106; kursiv M. P.), kommt er dieser Gleichsetzung von Zwischenstadt und Landschaft (unter Berücksichtigung, dass Landschaft immer heterogen ist) sehr nahe.

Transdisziplinarität der Landschaft Drei

Die vorangegangene Untersuchung der aktuellen Begriffsarbeit zeigt, dass der Landschaftsbegriff abstrakter, systemischer geworden ist. Seine synthetischen Qualitäten machen ihn attraktiv für andere Wissensbereiche, was im Folgenden an Beispielen aus der Biologie und der Architektur gezeigt werden soll.

Landschaft und Evolution: Fitnesslandschaften

Gewöhnlich wird der Landschaftsbegriff auf konkrete Räume bezogen, in denen der Mensch sein kann. Seit den 1930er Jahren wird »Landschaft« in der Evolutionsbiologie allerdings auch metaphorisch für abstrakte, mathematisch modellierte Räume verwendet. Diese Modelle, die als »Fitnesslandschaften« bezeichnet werden, stellen einen welligen Raum mit Gipfeln und Tälern dar, in dem »Lebewesen« bzw. »Populationen« wandern. Mit diesen Fitnesslandschaften können die Evolutionsbiologen veranschaulichen, wie Lebewesen sich im Verlaufe der Evolution durch genetische Veränderungen an ihre Umwelt anpassen und ständig den Gipfeln in der Landschaft entgegenstreben, die für hohe Fitness stehen. Auf diese Weise lässt sich beispielsweise das Phänomen der »ökologischen Nische« erklären, die einen spitzen, hohen Gipfel in der Fitnesslandschaft darstellt, für den das jeweilige Lebewesen optimal geeignet ist. Mit Kauffman könnte man die Evolution als eine adaptive Wanderung in Fitnesslandschaften deuten. (Kauffman 1996: 253) Er meint:

»Kurz, Landschaften sind fester Bestandteil auf der Suche nach Spitzenleistungen – nach den besten Kompromissen, die wir erreichen können.« (Kauffman 1996: 366)

Hier soll aber weniger auf die biologischen Details der Fitnesslandschaften eingegangen werden, sondern die Frage gestellt werden: Warum wird der Begriff »Landschaft« verwendet? Warum nennen die Evolutionsbiologen ihre Modelle beispielsweise nicht einfach »Fitnessräume«? Die Vorteile des Landschaftsbegriffes scheinen darin zu liegen, dass er den Zusammenhang zwischen Raum und Lebewesen verdeutlicht. Auf diese Weise können Begriffe wie »Abstand«, »Nachbarschaft« oder »Dynamik« definiert und bewertet werden. Diese synthetischen, »in Beziehung setzenden« Qualitäten, die den Mehrwert von Landschaft gegenüber Raum ausmachen, haben große Vorteile für die Evolutionsbiologen: »Weiterhin können in diesem Bild [der Fitnesslandschaft, M. P.] erstmalig solche wichtigen Konzepte wie Evolutionsgeschwindigkeit eingeführt werden. Die Systemdynamik wird aus der Gestalt der Bewertungsfunktion abgeleitet. Im einfachsten Fall handelt es sich dabei um eine lokale Gradientendynamik, es gibt aber viel kompliziertere Fälle, in denen die Populationsverteilung die Form der Landschaft und damit die Suche in der Landschaft nichtlinear beeinflusst.

Die Darstellung und Analyse von dynamischen Systemen in Zustandsräumen mit Landschaften hat bereits wesentlich zum Verständnis nichtlinearer Evolutions-Phänomene beigetragen.« (Ebeling et al. 1999: 447; kursiv M. P.)

Die Fitnesslandschaften zeigen, wie weit sich der Landschaftsbegriff von der in der Alltagssprache immer noch dominierenden Bedeutung eines arkadischen Bildes entfernen kann. Wenn man Landschaft als Metapher für dynamische Zusammenhänge im Raum versteht, dann bezieht sich der Begriff nicht nur auf reale, menschgemachte Räume auf der Erdoberfäche im Sinne Jacksons – vielmehr kann er auch für abstrakte, virtuelle Raummodelle eine große Rolle spielen.

Landschaft und Architektur – Scapes

In der Architektur wurde Landschaft bisher eher im traditionell szenarischen Verständnis als natürliches, grünes Gegenüber des Bauwerkes verstanden. Als Beispiele seien nur die pastoralen Eingrünungen in den städtebaulichen Entwürfen Le Corbusiers genannt oder Mies van der Rohes fantastische Setzungen wie beispielsweise das Farnsworth House, dessen Konzept vom Kontrast zwischen Gebäude und nahezu unberührter Natur abhängt. Insbesondere in der zweiten Hälfte der 1990er Jahre hat sich in der Architektur eine Diskussion entwickelt, die darauf abzielt, Landschaft angesichts des Konstruktcharakters auch der »Naturräume« neu zu interpretieren. Für den Architekten und Landschaftsarchitekten Winy Maas hat diese Thematisierung von Landschaft in den Architekturdebatten schon fast hysterische Züge: »Landschaft liegt in der Luft! Landschaft ist überall! Das Wort ›Landschaft‹ ist so tief in die aktuelle Architekturdebatte eingedrungen, dass es häufiger verwendet wird als die Amerikaner das Wort ›fuck‹ sagen. Landschaft erscheint als die Lösung in einer Zeit, in der Architektur und Städtebau an Bedeutung verlieren.« (Maas 1998: 94)

II-4: Farnsworth House (Mies van der Rohe)

Diese Diskussion ging vor allem von den Niederlanden aus, dem Inbegriff der gebauten Landschaft. Im Bewusstsein, dass es kein Gegenüber vom Gebauten gibt und dass alles mehr oder weniger konstruiert ist, entwickelten sich zwei Tendenzen: Einerseits die Erfindung eines neuen Begriffes jenseits von Architektur und Landschaft, andererseits die Akzeptanz eines umfassenden Landschaftsbegriffes im Sinne Piepmeiers und Jacksons und damit die Unterordnung von Architektur und Freiraum unter den Oberbegriff »Landschaft«. Für die erste Variante steht der Architekt Rem Koolhaas, für die zweite die Architekturjournalisten Hans van Dijk und Bart Lootsma, alle Niederländer.

II-5: Moderne Stadtlandschaft (Zeichnung von Le Corbusier)

Den Begriff »Scape« haben Rem Koolhaas und seine Studenten der »Pearl River Delta – Gruppe« an der Harvard University im Rahmen des »Harvard Project on the City« definiert und als Copyright schützen lassen: »SCAPE©, weder Stadt noch Landschaft, ist der neue, post-urbane Zustand: Er bildet die Arena für die letzte Gegenüberstellung von Architektur und Landschaft. Er kann nur verstanden werden als die Apotheose des Pittoresken. SCAPE© kündigt das Ende zweier Disziplinen an, Architektur und Landschaftsarchitektur, und ihre zukünftige Verschmelzung.« (Koolhaas 2000: 335)

Scape ist hier also der neue Oberbegriff für die Überblendung von Architektur und Landschaft im gleichen Bild, wobei Koolhaas »Landschaft« ganz im klassischen Sinne der ästhetischen Kategorie verwendet.

Kann Scape diese beiden Kategorien umfassen? Wenn man die etymologische Geschichte der Silbe betrachtet, ist hier Skepsis angebracht. Schon seit dem 10. Jahrhundert drückt »Scape« die Eigenschaft des Zusammenhalts bzw. der Organisation aus. (Jackson 1984: 7) Diese strukturelle Bedeutung ist abstrakt und bezeichnet einen *Zustand* – Raum oder Gegenstände kann »Scape« nicht bezeichnen. Aus diesem Grund wird »Scape« immer, wie in »roadscape« oder »waterscape«, mit einem gegenständlichen Begriff verknüpft. Wenn Koolhaas also mit »Scape« einen Zustand bezeichnen will (»der neue, post-urbane Zustand«, s. o.), ist das schlüssig, aber bei der Übertragung auf räumliche Gegenstände wie Bebauung oder Freiraum dürfte er mit dem »puren« Scape-Begriff scheitern.

Für den niederländischen Architekturtheoretiker Hans van Dijk dagegen braucht es keinen neuen Begriff, um den artefaktischen Raumcharakter der Niederlande zu beschreiben:»Die Niederlande sind genau der Ort, an dem Landschaft, als Metapher verstanden, eine Rolle in der Architekturdebatte spielen kann, nicht als idyllische Kompensation für die künstliche Moderne – sei es die erste oder die zweite – sondern als ihre Verkörperung.« (van Dijk 1997: 27)

Ganz im Sinne des oben entwickelten Landschaftsbegriffes wird Landschaft hier als Verkörperung des total angeeigneten, artifiziellen Raumes interpretiert. Dieselbe Auffassung vertritt sein Kollege Bart Lootsma: »Landschaft [ist] nicht oder nicht nur Natur. Was einmal als Gegenpol galt, wurde für die meisten Planer zu gleichwertigen Teilen einer großen, gebauten Landschaft. Obwohl auf der Ebene der nationalen Politik ›Grün‹ gerne mit Natur gleichgesetzt wird, (…) sind in der heutigen Planungspraxis alle Mischformen von Rot und Grün vorstellbar und diskussionswürdig. Dabei wird in ökologischen Räumen gebaut, während in verstädterten Räumen und auf oder an Gebäuden neue Biotope entstehen.« (Lootsma 2000: 40f.)

Die beiden Beispiele zeigen, dass Landschaft in der Architekturtheorie von einem randständigen Kompensationsbegriff zur übergeordneten Raumkategorie wird, in die sich die gebauten Objekte einfügen. Welche Auswirkungen diese neue Deutung hat, ist noch nicht abzusehen. Eine Möglichkeit wäre die Einordnung von Architektur in eine umfassend verstandene Landschaftsarchitekturtheorie – eine momentan schwer vorzustellende Variante, die aber eine fast logische Konsequenz der Akzeptanz eines Begriffes von Landschaft als dynamischem Gefüge menschgemachter Räume wäre.

2.3 Ausblick

An den Beginn dieses Abschnittes soll zur Erinnerung Jacksons Landschaftsdefinition gestellt werden, weil sie meiner Meinung nach noch heute maßgebend für jede weitere Diskussion über Landschaft ist: »Landschaft ist nicht Szenerie, sie ist nicht eine politische Einheit; sie ist nicht mehr als eine Sammlung, ein System menschgemachter Räume auf der Erdoberfläche. Egal, welche Form oder Größe sie hat, sie ist niemals nur ein natürlicher Raum, ein Bestandteil der natürlichen Umwelt; sie ist immer künstlich, immer synthetisch, immer unvorhersehbaren Veränderungen unterworfen.« (Jackson 1984: 156)

Dieser Begriff der »Landschaft Drei« verzichtet sowohl auf dualistische Vorstellungen von Landschaft als Gegenüber von Stadt beziehungsweise Landschaft als Kompensat für menschlich angeeignete Natur als auch auf irgendwelche idealen Wunschbilder.

Landschaft – Ausblick

Viele werden einen derartigen Landschaftsbegriff schwer annehmen können, denn sowohl die alltagssprachliche Bedeutung (siehe Hard/Gliedner in 2.1) als auch die Bau- und Naturschutzgesetzgebung mit ihrer Trennung in Innenraum und Außenraum basiert auf den dualistischen, romantischen Vorstellungen.

Und überhaupt: Wenn die »Landschaft Drei« beim Wort genommen wird, ist doch jedes Ensemble auf einem halbwegs genutzten Schreibtisch eine Landschaft, ein dynamisches System menschgemachter Räume – der Begriff scheint zu weit und zu unscharf.

Ein Dilemma bahnt sich an: Die »Landschaft Drei« scheint den realen Prozessen wie der Verwischung der Gegensätze »natürlich/künstlich« oder »Stadt/Landschaft« zu entsprechen, ist aber mit ihrer Weite und systemischen Charakter kaum greifbar. Dagegen ist der ästhetische Landschaftsbegriff der »Landschaft Zwei« immer noch fest in den Köpfen verankert und funktioniert in der Alltagssprache, verliert aber angesichts der realen Prozesse seine Berechtigung.

Meiner Meinung nach gibt es derzeit drei mögliche Wege aus diesem Dilemma:

1. Die neue Definition der »Landschaft Drei« wird verworfen und »Landschaft« wird gemäß des aktuellen, alltagssprachlichen Verständnisses für die dualistisch-romantische Vorstellung des ästhetischen Landschaftsbegriffes reserviert. Landschaft kann damit auch weiterhin als etwas tendenziell »Natürliches« oder »von Bebauung Freies« verstanden werden. Aber wie hilfreich ist ein solches Verständnis angesichts des beispielsweise von Sieferle beschriebenen Konstruktcharakters selbst von Naturschutzgebieten? Oder angesichts des artefaktischen Charakters selbst der »freien« Felder der Landwirtschaft, deren im wahrsten Sinne des Wortes »angebauten« Feldfrüchte in einer Nachhaltigkeitsbilanz möglicherweise schlechter ausfallen als »Ökohäuser«?
Ein derartiges Begriffsverständnis wird sicherlich in substantiellen Diskussionen immer zu Unklarheiten führen, was beispielsweise an Sieverts diffusem Landschaftsverständnis gezeigt wurde (s. 2.2).
Viele werden dennoch diesen Ausweg wählen, als Beispiel sei nur der »Bund deutscher Landschaftsarchitekten« (BDLA) genannt, der auf seiner aktuellen Internetseite unter »Landschaftsarchitektur heute« propagiert: »Landschaftsarchitekten schaffen das Pendant zur architektonisch und technisch gestalteten Umwelt.« (BDLA 2003) Wer ein solches Landschaftsverständnis verwendet, muss sich der Paradoxie von Verständlichkeit einerseits und Diffusität andererseits klar bewusst sein.

2. Ein neuer Begriff für das »dynamische Gefüge menschgemachter Räume« muss entwickelt werden, der keine semantischen Altlasten dualistischer, romantischer Art hat und unbelastet in die

Alltagssprache eingehen kann. Diesen Begriff gibt es allerdings noch nicht. Die oben diskutierten, begrifflich nicht überzeugenden Vorschläge wie »Totale Landschaft«, »Territorium«, »Zwischenstadt« oder »Scape« zeigen die Schwierigkeiten.

Es lässt sich derzeit in vielen Bereichen ein vergleichbares »Begriffsvakuum« erkennen, dessen Ursache in der aktuellen »Übergangssituation« liegen könnte, die beispielsweise von Nowotny et al. als Übergang in die Modus 2-Gesellschaft oder von Poser als Übergang zur evolutionären Weltsicht charakterisiert wird. Das Gespür für den Übergang in eine neue Situation (oder Epoche?) ist vorhanden, aber es gibt in vielen Bereichen noch keine Begriffe für sie (Dieses Begriffsvakuum zeigt sich nicht nur für einen Teilbereich wie »Landschaft«, sondern auch in den Versuchen, dieser neuen kulturellen Situation jenseits der Moderne insgesamt einen »Oberbegriff« zu geben: Alle Ansätze wie Postmoderne, Zweite Moderne oder Nicht-Moderne bedienen sich des Begriffs der »Moderne«, den sie eigentlich überwinden wollen und können deshalb nicht wirklich überzeugen).

Unter dem Strich bleibt momentan nur die Spekulation über einen neuen, anderen Begriff für die »Landschaft Drei« – aber das hilft uns augenblicklich nicht weiter.

3. Der »alte« Begriff »Landschaft« wird im Sinne der »Landschaft Drei« weiter verwendet und so weiterentwickelt, dass das neue, umfassendere Verständnis langsam in die Alltagssprache einsickern kann. Angesichts der Tatsache, dass es vom 15. bis zum 18. Jahrhundert gedauert hat, bis die Vorstellung der »Landschaft Zwei« aus der Malersprache in die Alltagssprache gedrungen ist, sollten auch der »Landschaft Drei« noch einige Jahre oder auch Jahrzehnte der Prüfung und Bewährung zugestanden werden.

Angesichts der Diffusität des ersten Weges und des gegenwärtigen Nichtvorhandenseins des zweiten Weges spricht vieles für den dritten Weg. Im Folgenden soll die argumentative Basis für die »Landschaft Drei« verstärkt werden. Als Teil der geforderten Begriffsarbeit soll sie in Beziehung zu den in Kapitel 1 entwickelten Ideen gesetzt werden.

Jenseits von Idealzuständen – Landschaft und Komplexität

Die Vorstellung vom dynamischen Gefüge menschgemachter Räume öffnet den Blick für ein komplexes Verständnis der Landschaft im Sinne des in Kapitel 1.1 entwickelten Dreiklangs der Komplexität. Landschaft ist nach Jacksons oben zitierter Definition unvorhersagbar (»immer unvorhersehbaren Veränderungen unterworfen«), prozessual (»Eine Landschaft ist der Ort, wo wir das kosmische Programm beschleunigen, verlangsamen oder auseinanderdividieren und damit unser eigenes Programm aufstellen«) und relational (»ein System menschgemachter Räume auf der Erdoberfläche«). Diese sowohl zeitlich als auch räumlich offene Vorstellung eröffnet einen anderen Zugang zur Komplexität als die klassische Landschaftsforschung. Zwar hat auch sie schon immer die Komplexität der Landschaft anerkannt, doch ähnlich den klassischen Naturwissenschaftlern (s. 1.1), war ihr Ziel die Reduktion bzw. Beherrschung der Komplexität. Als Beispiel sei die »Komplexanalyse« des großen deutschen Geographen Ernst Neef genannt (Neef 1967: 61f.), die einen eigenständigen Zugang zur landschaftlichen Komplexität versucht, deren Ziel aber die »Beherrschung der Mannigfaltigkeit« (Neef 1967: 67) ist.

Auch der ästhetische Landschaftsbegriff darf, im Gegensatz zur genuin komplexen Auffassung der »Landschaft Drei«, als »reduktionistisch« bezeichnet werden: Landschaft ist hier vorhersagbar und statisch, denn das arkadische Idealbild soll erreicht und erhalten werden. Diese reduktionistischen Vorstellungen haben beispielsweise die institutionelle Landschaftsplanung geprägt. Die Landschaftsplanerin Beate Jessel spricht in diesem Zusammenhang selbstkritisch von der »Schwierigkeit, daß wir Landschaft nur allzu gerne als Idealbild auffassen (…). Gerade in der Landschaftspflege meinen wir oft, quasi bildhaft konstruierte landschaftliche Idealzustände schaffen bzw. unter hohem, bis ins Detail geregelten Pflegeaufwand aufrechterhalten müssen.« (Jessel 1995: 8) Das kann soweit zugespitzt werden, dass in der Landschaftsplanung das arkadische Bild in den Rang objektiver Richtigkeit gehoben wird – es gibt kaum einen Landschaftsplan ohne die »arkadischen« Maßnahmenvorschläge »Pflanzung von Hecken und Alleen« oder »Extensivierung von Grünland«, ebenso läuft es in den Methoden der Landschaftsbildbewertung meist auf die vorindustrielle Kulturlandschaft hinaus, weil ihre Elemente die höchsten Punktzahlen bekommen. Jörg Dettmar meint zu dieser Rückwärtsorientierung: »Viele Landschaftspläne haben bei mir immer eine Krise ausgelöst. Neben den Aussagen zum Schutz des Naturhaushaltes waren sie bei ihren Entwicklungsvorschlägen oft nur Ausdruck von Hilflosigkeit. Es waren die ewig gleichen Möblierungen oder ›ökologischen‹ Aufwertungen mit den Intarsien der jeweiligen Kulturlandschaft. Und es war trotz aller Diskussion über die Zukunft unserer bislang landwirtschaftlich geprägten Kulturlandschaften ein fast schon zwanghaftes Festhalten an der Vergangenheit.« (Dettmar 1999: 35)

Selbst für die eigentlich »harte« Wissenschaft »Ökologie« hat sich die Macht der aus dem ästhetischen Landschaftsbegriffs kommenden Idee eines arkadischen Idealzustandes als hartnäckig erwiesen. Hard zeigt auf, wie die ästhetische Vorstellung eines pastoralen, harmonischen Mensch-Natur-Verhältnisses nahezu unreflektiert als »Wahrheit« in der Ökologie übernommen wurde und seitdem die vorindustrielle Kulturlandschaft als ökologisch vorbildlich bewertet wird. (Hard 1991: 15)

Wie können diese hartnäckigen, idealen Bilder abgeschüttelt werden? Meiner Meinung nach braucht es für die »Landschaft Drei« eine andere Wahrnehmung, was hier nichts anderes heißen soll als eine andere Ästhetik. Diese neue Wahrnehmung sollte nicht mehr wie bei Ritters Landschaftsbegriff transzendental ausgerichtet sein auf das Empfinden des Naturganzen, das sich im arkadischen Bild verfestigt hat, sondern immanent auf den konkreten Zusammenhang und seine Potentiale zur Entfaltung menschlicher Möglichkeiten. Aus der zeitgenössischen Landschaftstheorie sollen mit Meyer, Wall und Schröder drei Vorschläge einer Ästhetik dargestellt werden, die dem umfassenden, komplexen Charakter der »Landschaft Drei« gerecht werden können.

Elizabeth Meyer meint, dass wir uns von der Vorstellung von Landschaft als irgendwelcher festgefügten Bilder verabschieden müssen: »Landschaft als visuelles Bild wird ersetzt werden durch *Ort im Sinne eines zeitlichen und räumlichen Terrains*«. (Meyer 1997: 51; kursiv M. P.) Zur Wahrnehmung dieses räumlichen und zeitlichen »Terrains« fordert sie eine »System-Ästhetik«, die sich auf die Beziehungen zwischen Dingen bezieht und nicht auf die Dinge selbst. (ebd.: 66) Diese »System-Ästhetik« mit ihrer Betonung von Relationen statt Dingen ist zwar prinzipiell abstrakt, aber wenn Meyer von Landschaft als »Ort im Sinne eines zeitlichen und räumlichen Terrains« (s. o.) spricht, wird deutlich, dass sie den Systembegriff ihrer Ästhetik immer auf die konkreten, »kleinen« Zusammenhänge eines Ortes bezieht.

In dieser Interpretation von Meyer ist Landschaft nicht als *ein* großes, umfassendes System zu verstehen, sondern sie besteht aus einer Vielzahl »kleiner« Landschaften oder »kleiner« Systeme. Diese Vorstellung von »System-Ästhetik« kann mit der vom Berliner Informatiker Dirk Siefkes entwickelten »Theorie kleiner Systeme« in Verbindung gebracht werden. Für Siefkes sind Systeme keine großen, geschlossenen Einheiten, sondern kleine, kontextuelle Orte: »Jedes System ist in seine Umgebung eingebettet, ist also auf Kommunikation mit den dort vorhandenen Systemen angewiesen.« (Siefkes 1992: 44) Neben diesen externen Relationen betont Siefkes vor allem die internen Beziehungen: »Ein *System* bestehe aus Mitgliedern, die miteinander zu einem bestimmten Zweck kommunizieren. Die Mitglieder können Menschen, Tiere, Pflanzen oder Dinge, auch Maschinen, sein. Unter *kommunizieren* fasse ich alle denkbaren Weisen von In-Beziehung-Treten zusammen. (…) Jede Kommunikation geschieht im Hinblick auf etwas Bestimmtes; diese gemeinsame Ausrichtung lässt die Beteiligten zusammengehören, ein System bilden.« (Siefkes 1992: 28) Die sich aus internen und externen Relationen entwickelnde Form des kleinen Systems versteht Siefkes als jederzeit wandelbar, weil sie kontinuierlich Prozessen ausgesetzt ist.

In diesem »kleinen« Sinne wird eine »systems aesthetic« der Landschaft verständlich, denn sie hat die nötige Konkretheit oder Angemessenheit, um sich auf die dynamischen Gefüge menschgemachter Räume beziehen zu können.

Alex Wall entwickelt für die Betonung des prozessualen und relationalen Charakters der »Landschaft Drei« den »systemischen« Begriff einer strukturierenden Matrix: »Der Begriff *Landschaft* verweist nicht mehr auf Verheißungen pastoraler Unschuld, sondern auf eine funktionale Matrix aus verbindendem Gewebe, die nicht nur Objekte und Räume organisiert, sondern auch die dynamischen Prozesse und Ereignisse, die durch sie hindurchströmen. Landschaft stellt sich als aktive Oberfläche dar, die die Bedingungen strukturiert für neue Beziehungen und Interaktionen zwischen den Dingen, die sie trägt.« (Wall 1999: 233)

Einer solchen strukturellen Vorstellung von Landschaft geht es nicht mehr um Repräsentation oder Stil, sondern – ganz im Sinne von Piepmeiers Definition – um die Schaffung von Möglichkeiten.

Thies Schröder spricht von einem neuen »Betrachtungsmodus«, der durch eine komplexe Landschaftsauffassung im Sinne der »Landschaft Drei« entsteht: »Landschaft entwickelt sich (…) über die ästhetische Bedeutung, das Bild, inzwischen hinaus zu einer Strukturen beschreibenden, auch enträumlichten und vom Bild abstrahierenden Chiffre für ein System. Landschaft wird zum Ausdruck eines Ursache und Wirkung vereinenden Betrachtungsmodus, der das betrachtete Bild an seinen Entstehungsprozess koppelt.« (Schröder 2001: 91) Hier wird deutlich, dass die »neuen« Landschaften auch Bilder darstellen – aber nicht »feste«, sondern »flüssige«, da sie an Prozesse gekoppelt sind.

Alle drei Autoren betonen eine komplexe Ästhetik der »Landschaft Drei«, die auf die Wahrnehmung von Relationen und Prozessen eines konkreten räumlichen Zusammenhanges ausgerichtet ist. Wenn Piepmeier also vom »Ende der ästhetischen Kategorie Landschaft« spricht (s. o.), muss hier eine Einschränkung vorgenommen werden: Nur die ästhetische Vergegenwärtigung des Naturganzen in der umruhenden Natur kann als beendet bezeichnet werden.

Die »Landschaft Drei« hat zwar keinen fest gefügten, idealen Bildcharakter, stellt aber ebenso wie die »Landschaft Zwei« (Szenerie) oder »Landschaft Eins« (Regio) eine spezifische Form der synthetischen Wahrnehmung dar. Die »Landschaft Drei« bleibt damit eine ästhetische Kategorie, das ästhetische Vermögen ist nur anders ausgerichtet als in der »Landschaft Zwei«.

Als Beispiel für eine Landschaft im Sinne von Meyers »zeitlichen und räumlichen Terrains«, Walls »strukturierender Matrix« oder Schröders »Chiffre für ein System« soll der Entwurf des »Office for Metropolitan Architecture« (O. M. A) für den Park de la Villette-Wettbewerb 1982 in Paris vorgestellt werden. Zum Bedauern vieler erhielt er nur den zweiten Preis und wurde nicht realisiert. O. M. A. s Ausgangshypothese war, dass die programmatischen Anforderungen an einen Park in der zeitgenössischen Stadt einer ständigen Veränderung unterliegen: »Es kann schon jetzt sicher prognostiziert werden, dass das Programm während der Lebensdauer des Parks einen kontinuierlichen Wechsel und eine stetige Neuausrichtung durchlaufen wird. Je besser der Park funktioniert, desto mehr wird er in einem ständigen Zustand der Überarbeitung sein. Seine ›Gestalt‹ sollte daher der Vorschlag einer Methode sein, die architektonische Spezifität mit programmatischer Unbestimmtheit kombiniert.« (Koolhaas/Mau 1995: 923)

Das Entwurfskonzept besteht aus der Überlagerung von vier Ebenen:

1. »Große Elemente« mit den vorhandenen bzw. geplanten großflächigen Einrichtungen wie Museen, Musikhalle etc.
2. »Confetti« mit kleinen Elementen wie Kiosken, Toiletten etc., die nach einer mathematischen Formel gleichmäßig über das Gelände verteilt werden.
3. »Wegesystem« mit einem Boulevard als zentraler Achse und einer Promenade, die die besonderen Punkte im Park erschließt.
4. »Streifen«, die auf sechzig Meter Breite alle denkbaren Freiraumnutzungen aufnehmen können.

Die Ebene der Streifen ist für die Flexibilität des Entwurfes von entscheidender Bedeutung: Einerseits stellen sie durch die klare räumliche Strukturierung einen dauerhaften, identitätsstiftenden Rahmen (»architektonische Spezifität«, s. o.), andererseits können sie, je nach sich ändernden Nutzungswünschen, neu besetzt werden (»programmatische Unbestimmtheit«, s. o.). Der Park kann daher als »kleines«, adaptives System interpretiert werden.

Koolhaas fasst diese Entwurfsstrategie so zusammen, dass sie keine festgefügte Gestalt anbietet, sondern einen Rahmen darstellt, der offen ist für die Abenteuer der Zukunft: »Schlussendlich bestehen wir darauf, dass wir zu keiner Zeit eine ›gestaltete Landschaft‹ angestrebt haben. Wir haben uns darauf beschränkt, einen Rahmen vorzugeben, der eine endlose Folge von weiteren Bedeutungen, Ausdehnungen oder Absichten aufnehmen kann, ohne dabei Kompromisse, Oberflächlichkeiten oder Widersprüche hinnehmen zu müssen. Unsere Strategie ist es, dem Einfachen die Dimension des Abenteuers zu verleihen.« (ebd.: 934)

Landschaft – Ausblick

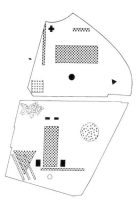

II-6: »Große Elemente«

II-7: »Confetti«

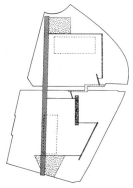

II-8: »Wegesystem«

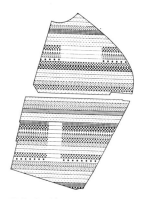

II-9: »Streifen«

II-10: Überlagerung der vier Ebenen im Gesamtplan

II-11: Foto von einem Ausschnitt des Modells zum La Villette – Wettbewerbsbeitrag von OMA

II-12, II-13: »Siedlungen, Agglomerationen« (Fischli/Weiss, 1992; i.O. farbig)

Die komplexe Ästhetik mit der Betonung des Prozessualen und Relationalen ist ungewohnt, es wird noch einige Zeit dauern und vor allem einiger Trainingshilfen bedürfen, um diese flüssige, systemische Wahrnehmung besser zu praktizieren. Eine dieser Trainingshilfen könnte Corners Vorschlag sein, Landschaft nicht als Substantiv, sondern als Verb aufzufassen: »Der Schwerpunkt verlagert sich deutlich von ›Landschaft als Substantiv‹ (als Objekt oder Szene) hin zu ›Landschaft als Verb‹ (als Prozess oder Agens). Deshalb müssen wir damit weitermachen, von Landschaft zu sprechen als temporärer und interventionistischer Kunst, als poetischer Produktion, als etwas, das mitten in der Realität ist statt nur deren äußere Beschreibung.« (Corner 1998: 32) Diesen Vorzug der Verben, das Prozessuale zu bezeichnen, hat Aicher schon seit längerem betont (und verwendet in der Konsequenz keine Großbuchstaben mehr): »heute, wo unsere sprache so viele substantive hat, daß sie starr wurde, wird langsam deutlich, daß eigentlich nicht die substantive unsere hauptworte sind, sondern die verben.

die verben bezeichnen das, was sich ereignet, das, was wird, das fließende, das tätige, das wirkende. die verben repräsentieren die welt als dynamischen ablauf.« (Aicher 1991a: 54)

Weiterhin können Beispiele aus der zeitgenössischen Photographie als Hilfe verstanden werden, die neue Wahrnehmung zu trainieren. Beispielsweise sind die Bilder der Schweizer Fischli + Weiss dezidert »Landschaft Drei – Bilder«, die jeden romantischen Impuls verneinen. Michael Koch interpretiert ihre Bilder zu Schweizer Agglomerationen folgendermaßen: »Die Bilder aus der Agglomeration des Künstlerduos Fischli/Weiss sind Veduten der modernen Stadtlandschaft und signalisieren das Aufscheinen einer neuen Ästhetik. Mit planerischen, städtebaulichen, landschaftsgestalterischen und künstlerischen Maßnahmen geht es darum, Allerweltsgegenden zu verorten, im urbanisierten Niemandsland die Kristallisations-

Landschaft – Ausblick

punkte des Besonderen freizulegen und Gravitationsfelder unterscheidbarer Bedeutungen aufzubauen.« (Koch 2003) Im Sinne der oben dargestellten »System-Ästhetik« fordern ihre Bilder dazu heraus, die topologischen Qualitäten auch von – auf den ersten Blick – banalen Situationen herauszufinden. In ihren Bildern »kleine« Landschaften sehen zu können entspricht dem Erwachen eines neuen landschaftlichen Blickes, der die unvorhersagbare, prozessuale und relationale »Landschaft Drei« wahrnehmen kann.

Jenseits von Gegenüber – Landschaft als »Attraktor« in der Modus 2-Gesellschaft

Landschaft – in allen drei hier beschriebenen Bedeutungssträngen – ist ein transdisziplinärer und kontextueller, spezifischer Gegenstand. Auch zur Beschreibung einer »Landschaft Zwei« als Gegenüber der menschlich angeeigneten Natur beispielsweise ist das Wissen vieler Disziplinen wie Botanik, Hydrologie, Zoologie usw. ebenso notwendig wie ein spezifischer Rahmen. Allerdings führt der notwendig begrenzte Ausschnitt der »Landschaft Zwei« auf die umruhende Natur zu einer »eingeschränkten« Transdisziplinarität, die zu anderen (Trans-)Disziplinen wie Architektur oder Infrastruktur inkompatibel ist. Dieses problematische Verhältnis zeigt sich zum Beispiel bei den naturschutzrechtlichen »Eingriffs-Ausgleichsregelungen«, wo bauliche Eingriffe in die »Landschaft Zwei« ausgeglichen werden sollen. Nach Sieverts nimmt diese Gegnerschaft an manchen Orten absurde Züge an: »Bestimmte Naturschutzbehörden scheinen durchaus daran interessiert zu sein, über die Befürwortung besonders schädigender baulicher Eingriffe besonders hohe Ausgleichszahlungen zu erhalten, mit denen sie an anderer Stelle z.B. ihre geliebten Feuchtgebiete ›bauen‹ können.« (Sieverts 1997: 53)

Derartige Frontstellungen werden zukünftig immer weniger helfen, eine nachhaltige Entwicklung zu ermöglichen. Die Auffassung von Landschaft als Gegenüber von »Bebauung« ist eine eingeschränkte Sichtweise, die eher einem Modus 1-Verständnis entspricht. Das Potential der Landschaft ist damit nicht ausgereizt.

Im umfassenden Sinne der »Landschaft Drei« kann der Gegenstand »Landschaft« auf eine ganz andere Ebene gebracht werden. Wenn für die Modus 2-Wissensproduktion gefordert wird: »Jedes nichtlineare Programm der Wissensintegration steht vor dem Problem, eine adäquate Repräsentationsform für die Wissensgenerierung und -integration zu finden, die deren gegenwärtiger Dynamik entspricht« (Gibbons et al. 1994: 114) – dann kann die »Landschaft Drei« meiner Meinung nach eine dieser Repräsentationsformen der Wissensintegration sein. Als »Modus 2-Gegenstand«, der vielfältige räumliche und soziale Ebenen disziplinenübergreifend enthält, kann Landschaft als »Attraktor« dienen, der komplexe Problemfelder bündelt und es ermöglicht, sozial robustes Wissen für kulturelle Fragestellungen zu produzieren. Dieses Potential der Landschaft soll an einem Beispiel verdeutlicht werden.

Landschaftskonferenz »Niederlausitzer Bogen«

Im Rahmen eines umfangreichen Verbundvorhabens »Integrierte Analyse der Auswirkungen des globalen Wandels auf die Umwelt und die Gesellschaft des Elberaumes« (GLOWA-Elbe) sollten Szenarien über die nachhaltige Entwicklung des Elbegebietes erarbeitet werden. In dem Teilprojekt »Landschaft als Fokus nachhaltiger Entwicklung des Elberaumes« wurde von einem Team um den Kasseler Regionalsoziologen Detlev Ipsen der Versuch unternommen, mit Hilfe von »Landschaftskonferenzen« die Bürger in den Entwurf von Szenarien zur nachhaltigen Entwicklung ihrer Region einzubeziehen. Nachhaltige Entwicklung ist ein komplexes Feld, das Ebenen wie Besiedlung, Landwirtschaft, Infrastruktur, Gewerbenutzung oder den Wasserhaushalt berücksichtigen muss. Um die Bürger aktiv in diese komplexe Fragestellung einbeziehen zu können, entschied sich die Forschungsgruppe bewusst für »Landschaft« als Fokus:

»Aus vielfältigen Erfahrungen ist deutlich geworden, daß die aktive Beteiligung der gesellschaftlichen Gruppen sowohl einen konkreten als auch einen symbolischen Raumbezug voraussetzt. Die Studie baut auf der These auf, daß der Landschaftsbegriff gleichermaßen einen analytischen wie einen ganzheitlich komplexen Zugang zu einem konkreten Raum als Lebenswelt ermöglicht. Landschaft steht daher im Mittelpunkt der Szenarien, die mit Bürgerinnen und Bürgern entwickelt werden. Der Landschaftsbegriff beinhaltet sowohl die Naturausstattung eines Raumes als auch seine Bearbeitung durch Nutzungen verschiedener Art und seine soziale Strukturierung durch Eigentumsverhältnisse, rechtliche Regelungen und Nutzungsvorgaben. Hinzu tritt ein Netz von Bedeutungen und Deutungen, die sich mit einer bestimmten Landschaft verbinden und als Kultur den verschiedenen Aspekten einer real existierenden Landschaft eine einheitliche Gestalt gibt.« (Ipsen et al. 2002: 7)

Ipsen vertritt hier deutlich eine Auffassung von Landschaft im Sinne der »Landschaft Drei«. Mit Hilfe dieses umfassenden Attraktors konnten sowohl ökologische Daten, ökonomische Faktoren wie Landnutzung und Infrastruktur oder ästhetische Wünsche zum Landschaftsbild in einer Landschaftskonferenz für die Region des »Niederlausitzer Bogens« verhandelt werden. Ganz im Sinne der in Kapitel 1.3 dargestellten »Agora« gelang es hier, Wissenschaft und Gesellschaft zusammenzuführen, um sozial robustes Wissen, in diesem Fall in Form von Szenarien zur regionalen Zukunft, zu entwickeln.

Das Beispiel zeigt, dass die »Landschaft Drei« eng mit der transdisziplinären, kontextuellen und anwendungsbezogenen Wissensproduktion des Modus 2 verknüpft werden kann. Wenn es darum geht, räumliche Zukunftsfragen der Modus 2-Gesellschaft zu klären, scheint es kaum einen geeigneteren Gegenstand zu geben, der so viele Aspekte als Attraktor bündeln kann.

Fazit

Die »Landschaft Drei« als dynamisches Gefüge menschgemachter Räume ist kein leicht zu fassender Gegenstand. Sie breitet ihre transdisziplinären Arme noch weiter aus als die »Landschaft Zwei«, die noch ein Gegenüber kannte. Aber diese als »Disziplinlosigkeit« zu bezeichnende Weite macht gerade die zukünftige Stärke des Begriffes aus, wie das Beispiel der »Landschaftskonferenz« zeigte. Wenn Otl Aicher meint: »menschliche existenz ist heute ein erfassen von komplexitäten, das bewerten von zuordnungen, das meistern von verflechtungen, das erkennen von bestimmungen« (Aicher 1991a: 49), dann ist die »Landschaft Drei« eines der Konzepte, in dem sich diese Existenz ausdrücken kann. Im sich derzeit vollziehenden Übergang vom kausalanalytischen, reduktionistischen Verständnis der Moderne zur komplexen, evolutionären Weltsicht oder zur Modus 2-Gesellschaft kann die »Landschaft Drei« damit eine wichtige – in diesem Falle in keinster Weise kompensatorische – Funktion erfüllen: Mit ihren komplexen Eigenschaften von Unvorhersagbarkeit, Prozessualität und Relationalität steht sie bereit als die Metapher oder Verkörperung unserer gegenwärtigen und zukünftigen Kultur.

3. Entwerfen

»›The exactness is a fake‹: these were his last public words.«
E. W. Hocking über den Mathematiker und Prozessphilosophen
Alfred North Whitehead (1963: 16)

Entwerfen im Sinne des Konzipierens von Gegenständen für bestimmte Zwecke ist eine grundlegende menschliche Tätigkeit. Als Mischung aus Intuition und Präzision ist Entwerfen jedoch schwierig in die klassische Wissenschaftslandschaft einzuordnen. Aus diesem Grund nimmt es beispielsweise in den Universitäten traditionell eine Randposition ein.

In diesem Kapitel soll eine knappe Geschichte der Theorie des Entwerfens skizziert werden, die sich vor allem der Beziehung zwischen Entwurfs- und Wissenschaftstheorie widmet.

Im »Ausgang« geht es um die »Entweder-Oder«-Versuche, d. h. Entwerfen entweder als unwissenschaftlich zu verstehen oder zur klassischen Wissenschaft zu entwickeln. In der »Ausweitung« werden differenziertere Versuche vorgestellt, in denen eine eigenständige Erkenntnistheorie des Entwerfens entwickelt wird und die sich von klassischen Einteilungen wie »Wissenschaft« oder »Kunst« abheben. Im abschließenden »Ausblick« wird diese eigenständige Erkenntnistheorie in Beziehung gesetzt zu den im Kapitel 1.3 dargestellten aktuellen Entwicklungen in der Wissenschaftstheorie.

Die Frage wird sein, inwieweit sich Entwurfs- und Wissenschaftstheorie auf konvergierenden Pfaden bewegen oder sogar überlagern.

3.1 Ausgang

Handwerkliches und zeichnerisches Entwerfen

Das Entwerfen als grundlegende Handlungsweise des *homo faber* hat seine Ursprünge in handwerklicher Tätigkeit. (Jones 1970: 15f.) Hier wurden über die Jahrhunderte in einer Kombination aus Weitergabe von Traditionen, plötzlichen Qualitätssprüngen und unzähligen Trial-and-Error Prozessen Gegenstände produziert. Konzipieren und Herstellen waren eng miteinander verknüpft, die

III-1: Ein englischer Wagen von 1838 mit über die Jahrhunderte entwickelten funktionalen Verbesserungen als Beispiel für das handwerkliche Entwerfen

Überlieferung des Wissens verlief meist mündlich. Mit Beginn der Neuzeit veränderte sich diese enge Beziehung aus Konzipieren und Herstellen. Mit dem Aufkommen maßstäblicher Zeichnungen wurde es möglich, neue Ideen sowie die Trial-and-Error Verfahren auf dem Papier durchzuspielen. Dieses zeichnerische Entwerfen bot im Vergleich zum handwerklichen Entwerfen eine Menge Vorteile: Es war beispielsweise leichter, verschiedene Lösungsmöglichkeiten durchzuspielen, und mit Hilfe der Zeichnungen konnte die anschließende Herstellung einfacher auf mehrere Personen verteilt werden. Auf diese Weise konnte der Produktionsprozess enorm beschleunigt werden und die Herstellung großer oder komplexer Produkte wurde erleichtert.

Die Etymologie des Begriffes »Entwerfen« ist eng mit dieser zeichnerischen Vorstellung verknüpft. Im Mittelhochdeutschen bedeutete »entwerfen« ursprünglich »ein Bild gestalten« und »war ein Fachwort der Bildweberei, bei der das Weberschiffchen hin und her in die aufgezogene Gewebekette geworfen wird.« (Duden 2001: 182) Grimms Wörterbuch nennt folgende Bedeutungen für »Entwerfen«:

»gilt 1) *von künstlern, die ein bild zeichnen und umreiszen, bevor sie zu mahlen anfangen,* (…)

2) *überhaupt animo concipere, in gedanken entwerfen, den plan zu etwas fassen.*« (Grimm 1862: 655)

Aus beiden Bedeutungen lässt sich die Vorstellung vom Entwerfen als bildlich-schöpferische Tätigkeit mit antizipierendem Charakter gut herauslesen.

Die Handlungsweise des zeichnerischen Entwerfens beschreibt Jones folgendermaßen: »Die traditionelle Entwurfsmethode ist das Zeichnen und das Neuzeichnen, also sukzessive Änderungen, entweder an verschiedenen Stellen eines großen Stückes Papier oder auf einer Serie von Durchzeichnungen auf Basis der ursprünglichen Skizze. Ein Entwerfer beginnt normalerweise mit einer einzelnen Lösung, die er im Kopf ziemlich präzise visualisieren kann. Sein Hauptkriterium beim Vergleich verschiedener Modifikationen ist der formale Zusammenhalt zwischen den Teilen.« (Jones 1970: 23) Es wird deutlich, dass diese Methode höchst individuell ist – die Entstehung von Entwurfsqualität hängt von der Kreativität des Entwerfers ab sowie seiner Fähigkeit, die »Konsistenz zwischen den Teilen« herzustellen. Die Entwurfstheorie versuchte, diese Arbeitsweise mit Hilfe der Untersuchung kreativer Prozesse besser verständlich zu machen. Als gemeinsamen Nenner dieser Forschungen nennt Jones drei Punkte (ebd.: 29):

1. Der kreative Problemlösungsprozess ist gekennzeichnet durch lange Phasen der Informationsaufnahme und anschließendes »Setzenlassen« der Information.
2. Die »Erleuchtung« erfolgt meist plötzlich und macht durch die

Entwerfen – Ausgang

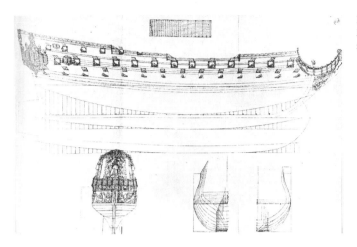

III-2: Zeichnung eines englischen Marineschiffs von 1670 als Beispiel des zeichnerischen Entwerfens

neue Wahrnehmungsfähigkeit aus dem komplizierten ein einfaches Problem.
3. Kreative Prozesse werden einerseits behindert durch geistige Starrheit, d. h. der Unmöglichkeit, flexibel auf die situativen Bedingungen einzugehen, andererseits durch Wunschdenken, d. h. Unfähigkeit, die äußeren Realitäten zu sehen, die die eigenen Ideen unbrauchbar machen.

Diese Forschungsergebnisse zum kreativen Prozess und die parallele Entwicklung von Techniken wie Brainstorming, Mindmapping etc., die den kreativen Prozess fördern, haben für die Entwurfstheorie bleibenden Wert. Dennoch machte sich mit dem Methodenoptimismus ab den 1950er Jahren eine Unzufriedenheit mit dieser individuellen, als unwissenschaftlich gesehenen Arbeitsweise des zeichnerischen Entwerfen breit. Die Suche nach Möglichkeiten begann, diesen stark von subjektiven Wertvorstellungen abhängigen Prozess auf objektivere Beine zu stellen – aus dem zeichnerischen Entwerfen sollte das systematische Entwerfen werden. Die Motivation für eine solche Systematisierung gaben erfolgreiche »Entwurfsprojekte« aus der Raumfahrt- und Militärforschung sowie die Entwicklung des Computers, der die Verarbeitung großer Datenmengen versprach. Für das »Entwurfsproblem« Raumfahrt beispielsweise gelang es riesigen Teams, mit einem systematischen Ansatz auf Basis quantifizierbarer Werte Lösungen herbeizuführen. Diese Vorbilder gaben Anlass zur Hoffnung, den Entwurfsprozess von seinem ganz auf den Intuitionen und Erfahrungen des Subjekts abhängendem Prinzip loszulösen und auf objektivere Grundlagen zu stellen. Hillier et al. beschreiben diese Hoffnung: »Entwerfen war eine problemlösende Aktivität, die quantifizierbare und nicht-quantifizierbare Faktoren enthält. Forschung, so wurde gedacht, sollte so viele Faktoren wie möglich in den Bereich des Quantifizierbaren bringen, und somit sukzessive Intuition und Faustregeln durch Wissen und messbare Methoden ersetzen.« (Hillier et al. 1972: 245)

Diese Entwurfsforschung mit dem Ziel der Systematisierung begann Ende der 1950er Jahre. Mit Hilfe der Beschreibung von Phasen innerhalb der Ulmer »Hochschule für Gestaltung« (1958–1962) sowie des »Design Methods Movement« (1962–1967; Cross 1984: ix) sollen zwei herausragende Momente dieser Systematisierungsversuche vorgestellt werden.

HfG ULM

1955 wurde, nach einigen Jahren Vorlauf, in Ulm die »Hochschule für Gestaltung« offiziell eröffnet. Mit ihrem Gründungsrektor Max Bill wollte sie anfangs noch die künstlerischen Traditionen des Bauhauses verfolgen, was aber nach Bills Rücktritt 1956 zugunsten einer konsequenten »Gebrauchsorientierung« aufgegeben wurde. (Aicher 1991b: 87f.) Diese Verschiebung von einem künstlerischen hin zu einem entwerferischen, an Zweck und Gebrauch orientierten Ansatz macht die Einleitung der ersten Ausgabe der Hochschulzeitschrift *Ulm 1* von 1958 klar: »Die Hochschule für Gestaltung bildet damit Gestalter heran für die Gebrauchs- und Produktionsgüterindustrie sowie für die modernen Kommunikationsmittel Presse, Film, Funk und Werbung. Diese Gestalter müssen über die technologischen und wissenschaftlichen Fachkenntnisse verfügen, die für eine Mitwirkung in der heutigen Industrie erforderlich sind.« Um diese Forderung zu erfüllen, wurde von Tomás Maldonado eine Grundlehre eingeführt, die u. a. versuchte, »der Mathematik Nachdruck zu verleihen; einmal dem kreativen und manipulativen Gebrauch von mathematischen Konstruktionen in pragmatischer Designschulung, dann auch der mathematischen Logik als der konzeptionellen Basis von Designmethoden.« (Frampton 1975: 27)

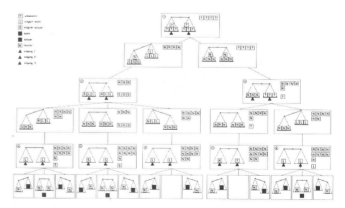

III-3: Operationsschema zur Suche nach einem fehlerhaften Muster; Heinz Grüber 1960/61, Dozent Bruce Archer (HfG Ulm)

Entwerfen – Ausgang

Es gab beispielsweise Kurse wie »Operationsforschung« mit Gruppentheorie, Mengentheorie, Statistik oder linearer Programmierung, und im Bereich »Information« lehrte Max Bense, wie mit Hilfe sehr abstrakter, informationstheoretischer Analysen eine Bestimmung des ästhetischen Bedarfs möglich sei. Otl Aicher, zu dieser Zeit Ko-Rektor der Schule, deutet in einem Rückblick diese Hochphase der Rationalisierung des Entwerfens als fünfte von neun Phasen der HfG und beschreibt sie in knapper Form:

»fünfte phase: kybernetisches design und positivismus
methodologische probleme treten in den vordergrund: analysen, bestimmung von faktoren, matrix und diagrammen. die entwurfsschritte verselbstständigen sich und treten mehr in den vordergrund als das resultat und seine auswirkung.
unter rittel stärkere mathematisierung und bevorzugung mathematisch erfassbarer prozesse. angewandte prozess- und ablaufforschung. unter perrine wird wahrnehmung anhand von amesdemonstrationen reduziert auf physiologische probleme.
auch soziologie wertfrei als statische erfassung von prozessen. prognose zwingend aus prämissen. design wird formuliert als programmierungsaufgabe für computergesteuerte anlagen. norbert wiener hält eine vorlesung über vorausbestimmbarkeit des wetters.
information und ästhetik werden in bit gemessen. forderung nach einer wertfreien, ideologiefreien hochschule mit verschiedensten parallelen lehrauffassungen, nach dem modell einer naturwissenschaftlichen fakultät.« (Aicher 1975: 14f.)

Aichers kritischer Unterton deutet darauf hin, dass er mit dieser Richtung nicht einverstanden war. Mit anderen Kollegen opponierte er von 1960 bis 1962 gegen diese »technokratische Ideologie«. Ab 1962 wurde darauf die Grundlehre verändert und die methodologischen Kurse wurden zwar nicht abgeschafft, aber in ihrem Umfang und ihrer Bedeutung reduziert. Aicher nennt die darauffolgende sechste Phase »wertbestimmtes design«: Der Anspruch einer auf Objektivierung ausgerichteten Systematisierung des Entwerfens hat einem subjektiveren, an Gesellschaft, Geschichte und Werten orientierten Entwurfsverständnis Platz macht.

Design Methods Movement

Den Beginn dieser Bewegung markiert die erste Konferenz über »Design Methods«, die 1962 in London stattfand und erstmals die zerstreut stattfindenden Forschungen über Entwurfsmethoden versammelte. In der ersten, bis 1967 andauernden Phase dieser Bewegung konzentrierten sich die Mitglieder auf die Entwicklung systematischer Verfahren zur Kontrolle des gesamten Entwurfsprozesses sowie auf systematische Techniken innerhalb dieses Prozesses. (Cross 1984: ix)

1

Religion and Caste
1. Harijans regarded as ritually impure, untouchable, etc.
2. Proper disposal of dead.
3. Rules about house door not facing south.
4. Certain water and certain trees are thought of as sacred.
5. Provision for festivals and religious meetings.
6. Wish for temples.
7. Cattle treated as sacred, and vegetarian attitude.
8. Members of castes maintain their caste profession as far as possible.
9. Members of one caste like to be together and separate from others, and will not eat or drink together.
10. Need for elaborate weddings.

Social Forces
11. Marriage is to person from another village.
12. Extended family is in one house.
13. Family solidarity and neighborliness even after separation.
14. Economic integration of village on payment-in-kind basis.
15. Modern move toward payment in cash.
16. Women gossip extensively while bathing, fetching water, on way to field latrines, etc.
17. Village has fixed men's social groups.
18. Need to divide land among sons of successive generations.
19. People want to own land personally.
20. People of different factions prefer to have no contact.
21. Eradication of untouchability.
22. Abolition of Zamindari and uneven land distribution.
23. Men's groups chatting, smoking, even late at night.
24. Place for village events—dancing, plays, singing, etc., wrestling.
25. Assistance for physically handicapped, aged, widows.
26. Sentimental system: wish not to destroy old way of life; love of present habits governing bathing, food, etc.

2

1 interacts with 8, 9, 12, 13, 14, 21, 28, 29, 48, 61, 67, 68, 70, 77, 86, 101, 106, 113, 124, 140, 141.
2 interacts with 3, 4, 6, 26, 29, 32, 52, 71, 98, 102, 105, 123, 133.
3 interacts with 2, 12, 13, 17, 26, 76, 78, 79, 88, 101, 103, 119.
4 interacts with 2, 5, 6, 17, 29, 32, 45, 56, 63, 71, 74, 78, 79, 88, 91, 105, 106, 110, 124.
5 interacts with 4, 6, 10, 14, 17, 21, 24, 46, 102, 113, 116, 118, 131, 133, 140.
6 interacts with 2, 4, 5, 20, 21, 53, 58, 61, 63, 82, 102, 111, 117, 130, 134, 135.
7 interacts with 20, 31, 34, 53, 57, 58, 59, 80, 85, 86, 94, 105, 106, 123, 124, 125.
8 interacts with 1, 9, 14, 15, 21, 22, 25, 27, 48, 58, 59, 61, 62, 63, 64, 65, 89, 95, 96, 99, 111, 112, 114, 115, 116, 121, 129, 136, 140, 141.

3

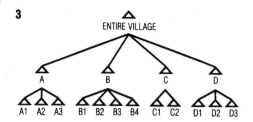

A1 contains requirements 7, 53, 57, 59, 60, 72, 125, 126, 128.
A2 contains requirements 31, 34, 36, 52, 54, 80, 94, 106, 136.
A3 contains requirements 37, 38, 50, 55, 77, 91, 103.
B1 contains requirements 39, 40, 41, 44, 51, 118, 127, 131, 138.
B2 contains requirements 30, 35, 46, 47, 61, 97, 98.

4

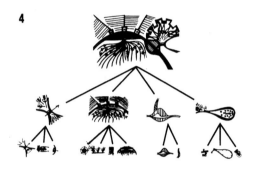

III-4: Auszüge aus Alexanders »Notes on the Synthesis on Form« in Rowe 1987

Stellvertretend für die anderen Vorträge auf der 1962er Konferenz soll hier mit Christopher Alexanders »The Determination of Components for an Indian Village« der Tenor der Konferenz dargestellt werden. In diesem Vortrag stellte der Mathematiker und Architekt Alexander die Ergebnisse seiner Doktorarbeit vor, die er später in seinem einflussreichen Buch »Notes on the Synthesis on Form« (1964) veröffentlichte. Am Beispiel eines Entwurfes für ein indisches Dorf versuchte er zu zeigen, dass mit Hilfe mathematischer Programmierung von Analysedaten mit seinem IBM 7090-Computer eine entwurfliche Synthese möglich sei.

Das Prinzip seiner Entwurfsmethode lässt sich, stark verkürzt, folgendermaßen zusammenfassen (Alexander 1963): Erstens werden sämtliche Entwurfsanforderungen aufgelistet, wie Bewohnerbedürfnisse oder ökonomische und kulturelle Bedingungen. Alexander hat für das indische Dorf 141 Anforderungen herausgefunden (siehe die 26 Beispiele in Abb. III-4: 1). Zweitens werden für alle Anforderungen die Wechselbeziehungen zu den jeweils anderen Anforderungen in Form von »Ja, es gibt eine Wechselbeziehung« oder »Nein, es gibt keine Wechselbeziehung« bestimmt. Für jede der 141 Anforderungen wird in diesem zweiten Entwurfsschritt aufgelistet, mit welchen anderen Entwurfsanforderungen sie jeweils interagieren (s. Beispiele in Abb. III-4: 2). Aus diesem umfangreichen »System wechselwirkender binärer Variablen« werden im dritten und wichtigsten Schritt mit Hilfe mathematischer Optimierungsfunktionen durch den Computer möglichst gut integrierte und unabhängige Subsysteme entwickelt. Für das indische Dorf ergab sich, dass die 141 Anforderungen und ihre Wechselbeziehungen in vier übergeordnete Subsysteme einteilbar sind, die jeweils drei untergeordnete Subsysteme aufweisen. Jedes der zwölf Subsysteme erfüllt eine bestimmte Anzahl von Anforderungen (s. Beispiele in Abb. III-4: 3). Im vierten und letzten Schritt entwickelte Alexander für jedes der zwölf Subsysteme eine, wie er es nennt, »physische Komponente«, die die Anforderungen jeweils erfüllt. Diese räumlichen Entwürfe, die Alexander in Form eines Diagramms ausführt, werden zum Entwurf für das gesamte Dorf zusammengesetzt (s. Abb. III-4: 4).

Alexanders Methode hat viel Aufsehen erregt, denn sie zeigte, dass ein Entwurf nicht auf eine subjektive Idee als übergeordnetes, strukturierendes Prinzip (Top-Down-Ansatz) angewiesen sein muss, sondern aus der Definition unmittelbarer Anforderungen mit Hilfe operationalisierbarer, objektiver Formeln entwickelt werden kann (Bottom-Up-Ansatz). Diese Methode steht und fällt mit der Definition der Anforderungen bzw. Entwurfsprobleme im ersten Schritt. Können sie klar definiert werden, funktioniert die Methode, bleiben die Definitionen unklar, verliert sie ihre Schlüssigkeit. Peter Rowe (1987: 73f.) zeigt in seiner Diskussion Alexanders, dass eine klare und objektive Problemdefinition, wie es Alexanders Liste mit 141 Entwurfsanforderungen suggeriert, meist unmöglich ist. Auch dieser vermeintlich objektive Entwurfsschritt hängt von Intuition und Erfahrung ab, weshalb der Bottom-Up-Ansatz nicht notwendig objektiver ist als der Top-Down-Ansatz: »Es ist eindeutig, dass die Bestimmung der einzelnen Entwurfsprobleme und ihrer Wechselwirkungen die Verwendung irgendeines übergeordneten Konzepts oder Vorwissens bedarf: Ein Wissen, dass, wenn alles gesagt und getan ist, letztendlich implizit, ja sogar unzugänglich bleibt. Aus diesem Grund scheint es nicht richtig, Top-Down-Ansätze als minderwertig gegenüber Bottom-Up-Ansätzen anzusehen, nur weil sie zu einem bestimmten Zeitpunkt eine weniger klar dargestellte strukturelle Beschreibung des Problemraumes geben. Hier stellen wir fest, dass Bottom-Up-Ansätze (…) genau so anfällig für Veränderungen im Problemverständnis oder der Haltung gegenüber dem Problem sind wie Top-Down-Ansätze.« (Rowe 1987: 74) Rowe spricht dieser Art von Methode daher nur die Möglichkeit zu, Entwurfsprobleme zu strukturieren, nicht aber, sie hinreichend zu definieren.

Alexanders Methode ist sicherlich eine der extremsten Varianten, den Entwurfsprozess zu operationalisieren. Mit dem englischen Industriedesigner Bruce Archer soll noch ein zweiter, »gemäßigterer« Vertreter des »Design Methods Movement« vorgestellt werden, dessen Ansatz das systematische Entwerfen sehr gut zusammenfasst. Auch er beginnt in seinem Artikel »Systematic Method for Designers« (1965) damit, dass Entwerfen mit einer Vielzahl von Anforderungen beginnt, die erfüllt werden müssen. Diese vielen »kleinen Probleme« in Richtung einer Entwurfslösung zu ordnen (»Rank Ordering«) ist die Hauptaufgabe des Entwerfers. Archer glaubt allerdings im Gegensatz zu Alexander nicht daran, dass die Ordnungsphase des Entwurfsprozesses mit Hilfe des Computers automatisiert werden kann und dass eine derartige Automatisierung das Ziel des systematischen Entwerfens ist: »Obwohl das Lösen einer Vielzahl von Sub-Problemen und die Auflistung all ihrer Kombinationen und Gruppierungen genau das ist, worin Computer gut sind, ist es unwahrscheinlich, dass irgendein Computer den Entwerfer in seiner Rolle als Kriteriengeber oder Entscheidungstreffender ablösen wird – zumindest noch für eine sehr lange Zeit. Warum sollen wir dann eigentlich noch über systematische Methoden des Entwerfens sprechen? Weil systematisch sein nicht notwendig gleichbedeutend ist mit automatisiert sein.« (Archer 1965: 63)

Archer versteht unter Systematisierung vor allem zwei Dinge: Erstens die Strukturierung des Entwurfsprozesses in bestimmte Abschnitte, zweitens die Entwicklung objektiver Methoden für die analytischen Phasen.

Für eine verallgemeinerbare Fassung des Entwurfsablaufes sieht er, bei aller Verschiedenheit der damals existierenden Entwurfsmethoden im Detail, die Entstehung einer gemeinsamen Basis. Für ihn teilt sich der Entwurfsprozess in sechs Phasen auf (s. Abb.

III-5). Er betont, dass sich diese Phasen in der Praxis überlappen oder vermischen und dass es immer wieder zu Rückkoppelungsschleifen von späteren zu früheren Phasen kommen kann. Sein systematisches Ablaufmodell reduziert auch nicht die Bedeutung der subjektiven, kreativen Phase – im Gegenteil, er vergleicht sein Ablaufmodell mit einem Sandwich, wobei die objektiven Phasen das Brot darstellen und die kreative Phase den schmackhaften Belag: »Es ist eine der besonderen Eigenschaften des Entwurfsprozesses, dass zu Beginn die analytische Phase objektive Beobachtung und induktives Denken benötigt, während die kreative Phase in der Mitte des Prozesses Einfühlungsvermögen, subjektives Werten und deduktives Denken erfordert. Wenn die wichtigen Entscheidungen getroffen sind, geht der Entwurfsprozess mit der Ausführung von Konstruktionszeichnungen und Zeitplänen wiederum mit objektiven und beschreibenden Methoden weiter. Der Entwurfsprozess ist daher ein kreatives Sandwich. Das Brot der objektiven und systematischen Analyse mag dick oder dünn sein, aber der kreative Akt ist immer in der Mitte dazwischen.« (ebd.: 64)

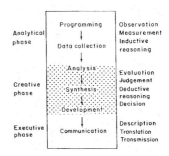

III-5: Archers Phasen des Entwurfsprozesses

In seinen Forschungen richtet Archer Anfang der 1960er Jahre den Schwerpunkt auf die »obere Brotscheibe« seines Sandwiches aus, die analytische Phase. In umfangreichen Untersuchungen versucht er zu bestimmen, wie die Ermittlung von Bedürfnissen, Restriktionen, Informationen etc. auf rationale, operationalisierbare Grundlagen gestellt werden kann. Für seine Systematisierung der analytischen Phase nennt er sechs Schritte:

»(1) Die Ziele und Gegenstände des Entwurfs werden festgesetzt, zusammen mit den wesentlichen Kriterien, von denen eine ›gute‹ Lösung von einer ›nicht so guten‹ Lösung unterschieden werden kann.
(2) Die Faktoren, die den Entwurf beeinflussen, werden identifiziert und aufgelistet.
(3) Die Art und Weise, wie Faktoren voneinander abhängig sind oder wie sie sich gegenseitig beeinflussen, wird festgelegt. Paare von Gruppen mit abhängigen oder wechselwirkenden Variablen werden als ›Unter-Probleme‹ bestimmt.
(4) Die Faktoren oder Unter-Probleme werden in einer Prioritätenliste angeordnet, die anzeigt, welches der Paare von Unter-Problemen Vorrang haben soll, falls es unmöglich ist, die ›beste‹ Lösung für ein Unter-Problem zu finden (beispielsweise das beste Material bezüglich Haltbarkeit), die gleichzeitig die ›beste‹ Lösung für ein anderes Unter-Problem ist (beispielsweise das beste Material für einfache Herstellbarkeit).
(5) Jedes Unter-Problem wird mit angemessenen Mitteln behandelt.
(6) Am Ende wird das gesamte Entwurfsproblem zusammengefasst als ranggeordnete Liste mit den Attributen, die die endgültige Lösung haben muß.« (ebd.: 74f.)

Archers Systematisierungsmethode beschränkt die Operationalisierung vor allem auf diese erste Entwurfsphase und geht damit nicht so weit wie Alexander, der in seinem Entwurf für das indische Dorf auch Teile der Synthese-Phase durch den Computer durchführen lässt.

Vierzehn Jahre später bewertet Archer in einem Interview diese Operationalisierungsversuche als negativ: »Im Rückblick sehe ich, dass ich eine unglaubliche Menge an Zeit verschwendet habe, in dem ich versucht habe, Methoden operationaler Forschung und Management-Techniken auf das Entwerfen zu übertragen.« (Archer 1979: 347) Er meint, dass diese Methoden trotz Integration von Werten oder Flexibilität einfach nicht von der Entwurfsprofession verwendet werden, weil sie einer anderen Denkweise als der von Entwerfern entstammen: »Meine augenblickliche Überzeugung, die sich in den letzten sechs Jahren entwickelt hat, ist dadurch gekennzeichnet, dass es eine entwerferische Art und Weise des Denkens und Kommunizierens gibt, die von der wissenschaftlichen Art und Weise des Denkens und Kommunizierens verschieden ist, die aber genauso wirkungsvoll wie wissenschaftliche Methoden der Erkenntnis ist, wenn sie auf ihre eigenen, spezifischen Probleme angewendet wird.« (Archer 1979: 348)

Noch härter mit sich selber ins Gericht geht Christopher Alexander. Schon 1971, wenige Jahre nach seinem systematisch-methodischen Entwurf für das indische Dorf, meint er bezüglich »Entwurfsmethodik«: »Ich würde sagen: Vergiss es, vergiss die ganze Sache. Punkt.« (Alexander 1971: 312) Der Hauptgrund für diesen Umschwung lag darin, dass er bei seinen späteren Entwürfen schnell merkte, dass er auch ohne den gewaltigen Rechenaufwand ziemlich schnell zu den ihm wichtigen Subsystemen aus Anforderungen und Interaktionen kommen konnte. Er nutzte dafür einen, vor allem auf kulturellen Erfahrungen beruhenden, typologischen Ansatz der »Muster-Sprache«. (vgl. Alexander u. a. 1995) Alexander schlussfolgerte, dass die Systematisierung nur sehr profane Probleme lösen kann und die eigentlichen Schwierigkeiten des Entwerfens sich nicht durch Computerisierung lösen lassen.

Eine dieser profanen Problemlösungen, zu denen das »Design Method Movement« einen Beitrag geleistet hat, sind die beispielsweise von Archer gemachten Versuche, den Entwurfsprozess in Ablaufschritte zu unterteilen. Diese Modelle sind noch heute in Gebrauch, so zum Beispiel als »Richtlinie 2221« des Vereins deutscher Ingenieure (VDI) zur Vorgehensweise beim Konstruktionshandeln (s. *Abb. III-6*). Aber diese Ablaufschemata leisten nur eine sehr bescheidene Strukturierungshilfe und werden von den Entwerfern kritisch gesehen: »Haupteinwand ist, dass diese Schemata ein lineares ›step-by-step‹-Vorgehen nahe legen, bei dem der Entwurfsprozess als in zwei voneinander getrennte Phasen, die Problemdefinition als eine analytische und die Problemlösung als eine synthetische Sequenz unterstellt wird.« (Banse 2000: 63) Diese

Entwerfen – Ausgang

III-6: Vorgehensweise beim Konstruktionshandeln in Anlehnung nach VDI 1977

lineare Vorgehensweise wird in der Entwurfspraxis selten erreicht, die Regel ist eher ein iteratives Vorgehen mit ständigen Rückkoppelungen zwischen synthetischen Lösungsversuchen und analytischer Prüfung derselben.

Günther Ropohl entwickelt in seiner »Systemtheorie der Technik« (1979) ein Phasenmodell, das als »abstraktes Handlungssystem« systemtheoretisch den allgemeinen Ablauf von Handlungen beschreibt. Sein Handlungsbegriff (»eine Ausgangssituation entsprechend einem Ziel in eine Endsituation zu überführen« (ebd.: 315))

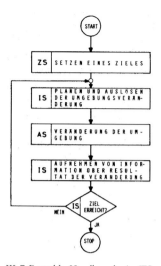

III-7: Ropohls »Handlungskreis« (ZS: Zielsetzungssystem; IS: Informationssystem; AS: Ausführungssystem)

kann als Entwurfsbegriff aufgefasst werden (vgl. Simon: »Jeder ist ein Designer, der Abläufe ersinnt, um bestehende Situationen in erwünschte zu verwandeln« (1994: 95; englische Originalausgabe 1969), weshalb sein »Handlungskreis« hier kurz dargestellt werden soll (s. Abb. III-7). Dem oben erwähnten Einwand der fehlenden Berücksichtigung iterativer Prozesse wird Ropohl – zumindest in der textlichen Erläuterung seines Schemas – gerecht, wenn er schreibt: »Naive Vorstellungen gehen häufig davon aus, daß die Zielsetzung definitiv am Anfang eines Handlungsablaufs stehe und alles andere Suche, Auswahl und Realisierung von Handlungsmöglichkeiten zur Zielerfüllung sei. In Wirklichkeit jedoch wird das ursprünglich gesetzte Ziel regelmäßig zunächst im Informationssystem mit Informationen über Gegebenheiten und Möglichkeiten des Ist-Zustandes von Umgebung und Handlungssystem konfrontiert; dieser antizipatorische Vergleich von Soll und Ist führt meist wenigstens zu einer Präzisierung, gelegentlich aber auch zu einer Modifizierung oder gar Aufgabe der ursprünglichen Zielsetzung. So spielt sich also auch zwischen Zielsetzungs- und Informationssystem ein iterativer Prozeß ab.« (ebd.: 138) Bei aller Offenheit für Rückkoppelungsprozesse stellt Ropohl allerdings die zweckrationale Definition von Zielen in seinem abstrakten Handlungssystem in den Vordergrund. (ebd.: 225ff.) Die Schwierigkeiten einer derartigen Voraussetzung zeigte schon die Diskussion Alexanders, und Jonas bewertet diese Einseitigkeit folgendermaßen: »Ropohls ›Systemtheorie der Technik‹ bietet einen begrifflichen Rahmen zur Beschreibung menschlichen Umgangs mit Dingen. Seine Interpretation betont jedoch einseitig die zweckrationalen Aspekte des Phänomens. Die Anarchie der sozialen Kommunikation, vermittelt u. a. über Designobjekte, ist mit der Auslegung als Regelkreismodell nicht zu fassen.« (Jonas 1994: 191) Im Abschnitt »Ausweitung« wird darauf eingegangen werden, inwieweit Ziel- und Problemdefinition beim Entwerfen über zweckrationale Aspekte hinausgehen.

Zusammenfassend ist die Geschichte der Entwurfstheorie bis in die 1970er Jahre durch Extreme gekennzeichnet:

Nach einer langen, ruhigen Phase des handwerklichen und zeichnerischen Entwerfens, das vorwiegend als individuelle, intuitive und damit im klassischen Sinne unwissenschaftliche Arbeitsweise aufgefasst wurde, kippte das Entwurfstheorie-Pendel nach dem zweiten Weltkrieg radikal von der subjektiven auf die objektive Seite. Die in den 1960er Jahren verfolgten positivistischen Versuche einer Systematisierung des Entwerfens dauerten aber nur sehr kurz und die Ernüchterung trat schnell ein, wie an den rückblickenden Feststellungen der einstigen Protagonisten Alexander und Archer gezeigt wurde. Es entstand eine Vakuum-Situation, weil traditionelle Erklärungsversuche wie »Kunst« oder »Wissenschaft« für das Entwerfen nicht griffen. Was blieb der Entwurfstheorie in dieser Krise anderes übrig, als sich von herkömmlichen Kategorien zu lösen, die Perspektive zu erweitern und herauszufinden, was die Eigenart des Entwerfens ausmacht?

3.2 Ausweitung

Die Erneuerungsphase in der Entwurfstheorie begann Ende der 1960er Jahre mit einer gründlichen Auseinandersetzung mit dem Anfang jedes Entwurfsprozesses, das heißt der Frage nach der Definition des Entwurfsproblems. Am Beispiel von Rittel und Webbers bis heute kaum übertroffenen Beschreibung der »verzwickten« Charakteristik von Entwurfsproblemen soll hier der Beginn einer Theorieentwicklung gezeigt werden, die sich von klassischen Vorstellungen distanziert. Anschließend soll mit Donald Schöns »Reflexiver Praxis« einer der umfassendsten Versuche dargestellt werden, diese anfangs noch partiellen Theorien zu einer eigenständigen Metatheorie für den ganzen Entwurfsprozess weiterzuentwickeln – einer Metatheorie, die Verzwicktheit, Ungewissheit, Komplexität und Werthaltigkeit integrieren kann.

Entwurfsprobleme sind »verzwickte Probleme«

Horst Rittel und Melvin Webber nennen die analytisch-naturwissenschaftliche Orientierung der Entwurfsmethoden der ersten Generation einen »schwerwiegenden Fehler«. (1973: 135) Eine solche Orientierung ist immer nur dann möglich, wenn das Problem eindeutig zu formulieren ist und damit das Ziel klar ist. Sie nennen hierfür Beispiele aus der Mathematik, wenn es darum geht, eine Gleichung zu lösen, oder aus der Chemie, wenn die Struktur eines unbekannten Moleküls analysiert werden soll – immer ist das Problem und auch die Lösung eindeutig zu formulieren. Diese naturwissenschaftlichen Probleme nennen sie daher gutartige Probleme (»benign problems«). Entwurfs- oder Planungsprobleme erfüllen diese Voraussetzungen fast nie – beim Entwurf des Verlaufes einer Autobahn kann nie gesagt werden, ob alle relevanten Daten versammelt sind und die Lösung richtig sein wird. Aufgrund dieser Charakteristik nennen Rittel/Webber Entwurfsprobleme bösartige Probleme (»wicked problems«). Sie meinen mit dem Ausdruck »wicked« selbstverständlich nicht, dass Entwurfsprobleme im ethischen Sinne »böse« ist: »Wir benutzen den Ausdruck ›bösartig‹ in der Bedeutung, die den Begriffen ›boshaft‹ (im Gegensatz zu ›gutwillig‹), ›vertrackt‹ (wie in einem Teufelskreis), ›mutwillig‹ (wie ein Kobold) oder ›aggressiv‹ (wie ein Löwe, im Gegensatz zur Sanftmut eines Lamms) entspricht.« (Rittel/ Webber 1994: 21) Da die direkte deutsche Übersetzung von »wicked« als »bösartig« eine noch negativere Bedeutung als das Amerikanische hat, soll im Folgenden, in Anlehnung an Banse (2000: 66), diese Charakteristik von Entwurfsproblemen nicht mit »bösartig«, sondern »verzwickt« übersetzt werden.

Der Fehler der Entwurfsmethoden der ersten Generation war es nun, verzwickte Probleme wie gutartige zu behandeln oder gar nicht erst anzuerkennen, dass sie verzwickt sind.

Rittel und Webber geben eine ausführliche Charakterisierung der verzwickten Probleme (1973: 136-144), deren wichtigste Eigenschaften Folgende sind:

– *Es gibt keine definitive Formulierung für verzwickte Probleme*
Verzwickte Probleme entziehen sich einer umfassenden Formulierung der Problemstellung, die alle notwendigen Informationen zur Lösungsgewinnung enthält, weil die notwendigen Informationen zur Problemlösung schon von einer vorläufigen und werthaltigen Lösungsidee abhängen. Um beim Beispiel des Autobahnverlaufes zu bleiben: Es muss schon Ideen für bestimmte Streckenverläufe geben, bevor für diese Verläufe dann die Informationen gesammelt werden können. Eine definitive Formulierung könnte es nur geben, wenn für alle theoretisch möglichen Lösungen eines Streckenverlaufes die Informationen gesammelt werden würden – aber das ist unmöglich. Weiterhin verändern die auf Basis einer vorläufigen Lösungsidee gesammelten Informationen daraufhin meist die Lösungsidee selbst, und die neue Idee steht in einem Kontext, der wiederum neue Informationen verlangt – ein rekursives, iteratives Vorgehen. Diese Eigenschaften widersprechen den linearen, systematischen Entwurfsmethoden: »Jedes Lehrbuch über systematisches Konstruktionshandeln beginnt mit einer Auflistung folgender Phasen: ›Verstehe das Problem oder die Aufgabe‹, ›sammle Informationen‹, ›analysiere Informationen‹, ›fasse die Informationen zusammen und warte auf den kreativen Moment‹, ›arbeite die Lösung aus‹, oder so ähnlich. Bei verzwickten Problemen funktioniert dieses Schema allerdings nicht. Ein Problem kann nicht verstanden werden, ohne den Kontext einzubeziehen; Information kann nicht sinnvoll gesammelt werden, ohne Orientierung an einem Lösungskonzept – erst verstehen, dann lösen – das funktioniert nicht mehr. Der Systemansatz ›der ersten Generation‹ ist nicht angemessen für verzwickte Probleme.« (Rittel/Webber 1973: 137f.)

– *verzwickte Probleme haben keine »Stopp-Regel«*
Aufgrund der oben angesprochenen prinzipiellen Unmöglichkeit einer definitiven Problemformulierung könnte die Problemdefinition theoretisch endlos weiterbetrieben werden. Es gibt nie ein gesichertes Verständnis, auf dessen Basis ein Entwurf als gelöst bezeichnet werden könnte – deswegen beenden Entwerfer einen

Entwerfen – Ausweitung

Entwurf nicht aus der Logik des Problems heraus, sondern aus »problemexternen« Gründen wie Zeit- oder Geldmangel.

– Lösungen von verzwickten Problemen sind nicht wahr oder falsch, sondern gut oder schlecht
Ob eine mathematische Formel oder ein chemisches Molekül richtig oder falsch beschrieben ist, kann von anderen Wissenschaftlern unabhängig geprüft werden. Die Streckenführung einer Autobahn kann nicht »richtig«, sondern nur gut oder schlecht sein – ein Werturteil, abhängig davon, ob man beispielsweise Landwirt, Naturschützer, Politiker oder Straßenbauingenieur ist.

– jede Lösung eines verzwickten Problems »gilt« – es gibt nicht die Möglichkeit, durch »trial-and-error« zu lernen, jeder Versuch zählt signifikant
Bei der Lösungssuche für eine mathematische Formel hat eine falsche Lösung keine unmittelbaren Konsequenzen. Eine Autobahnstrecke kann aber nicht einfach gebaut werden, um sie dann bei Unpässlichkeiten wieder zu verlegen. Besonders größere Entwurfsprojekte haben weitreichende Konsequenzen und kosten viel Geld – nach der Umsetzung sind sie schwer zu korrigieren, jeder Fehler zählt. Aus diesem Grund trifft auch Poppers »Prinzip der Falsifizierbarkeit« bei Entwurfsproblemen nicht zu. Nach Popper zeigt sich die Qualität einer wissenschaftlichen Lösung in ihrer Robustheit gegenüber ständigen Falsifizierbarkeitsversuchen. Das Aufstellen von Hypothesen, die sich später als falsch herausstellen, ist deshalb für gutartige Probleme völlig legitim. Diese Legitimität hat der Entwerfer nicht, denn er hat kein »Recht auf Falschheit« – er ist unmittelbar verantwortlich, wenn seine »Hypothese« schlecht war.

– jedes verzwickte Problem ist prinzipiell einmalig
Es gibt zwar eine Reihe von Ähnlichkeiten bei Entwurfsproblemen, aber eine einzige Änderung bei den Voraussetzungen kann zu einer völlig anderen Lösung führen, weshalb nicht vorschnell von existierenden Lösungen ähnlicher Probleme auf das aktuelle Entwurfsproblem und seine Lösung geschlossen werden darf: »Ein Teil des Umgangs mit verzwickten Problemen ist die Kunst, nicht zu früh zu wissen, welcher Lösungstyp anzuwenden ist.« (ebd.: 141) Rittel und Webber nennen das Beispiel des Entwurfes eines U-Bahnnetzes: Was auf den ersten Blick als ein technisch sehr weit determiniertes System aussieht, dessen Prinzip sehr leicht von einer auf die andere Stadt übertragen werden könnte, ist in der Realität immer abhängig von ganz spezifischen kulturellen Faktoren oder Siedlungsmustern.

Angesichts dieser verzwickten Eigenschaften von Entwurfsproblemen zieht Rittel folgenden Schluss: »Ich würde empfehlen, die Untersuchungen über das Verständnis von Entwerfen als argumentativem Prozess zu verstärken.« (Rittel 1972: 320) Das bedeutet für ihn die Abkehr von den, wie auch immer gearteten, linearen Ablaufmodellen der ersten Generation von Entwurfsmethoden hin zu einem partizipativen Verständnis einer, wie er vorschlägt, »zweiten Generation von Entwurfsmethoden«. Wenn ein Entwurfsproblem prinzipiell nicht eindeutig fassbar ist, wenn die Problemdefinition das Problem ist, dann hält Rittel es für notwendig, das Entwurfsproblem und die automatisch damit verkoppelte Lösungsfindung in einem partizipativen Argumentationsprozess zu entwickeln. Der Entwurfsprozess ist ein ständiges Fällen von Werturteilen, an denen sich sowohl die Entwerfer als auch die Entwurfsbetroffenen beteiligen sollen. Rittel fordert deshalb für die zweite Generation der Entwurfsmethoden zum einen, die theoretischen Grundlagen des argumentativen Prozesses, d. h. das Fragenstellen, die Informationsgenerierung und das Werten, zu erforschen, zum anderen die praktische Implementierung des Partizipationsprozesses, d. h. Gruppenauswahl oder Definition von Entscheidungsregeln, zu untersuchen.

Für viele war Rittels Betonung der Partizipation, die er während seiner Lehrtätigkeit im »post-68er Berkeley« formulierte und dort auf viel Verständnis stieß, zu extrem. Vor allem war die partizipative Entwurfsmethode, trotz einer Vielzahl theoretischer Publikationen, in der Praxis nicht besonders erfolgreich, wie Broadbent (1979: 341) aufzeigt: »Betrachtet man aktuelle Entwürfe, die neue Bau- und Planungsformen aus der Partizipation entwickeln, so stehen diese auf schwachem Grund.« An einem der bekanntesten »Partizipationsentwürfe«, Lucien Krolls Gebäuden für die Universität Löwen (1969–1973), zeigt Broadbent, dass der konsequente Partizipationsansatz zu einer Architektur geführt hat, deren Ergebnisse sich negativ auf die Nutzer auswirken. (ebd.: 341f.)

Wenn dieser »methodische Schluss« der Notwendigkeit von Partizipation, den Rittel aus dem verzwickten Charakter von Entwurfsproblemen zieht, auch nicht besonders erfolgreich war, bleibt die von ihm und Webber geleistete Herausarbeitung der Verzwicktheit der Entwurfsprobleme von nachhaltigem Wert. Sie haben unmissverständlich klargemacht, dass Entwerfen im individuellen bzw. gesellschaftlichen »Reich der Werte« stattfindet, die ein unendliches, offenes, dynamisches, probabilistisches, äußerst komplexes System darstellen. (vgl. Maser in Jonas 1994. 211)

Diese Erkenntnisse führten dann zur Entwicklung eigenständiger und umfassender Entwurfstheorien, was am folgenden Beispiel dargestellt werden soll.

Reflexive Praxis

In seinem 1983 erschienenen Buch »The reflective practitioner« entwickelt Donald Schön, Professor für »Urban Studies and

Education« am Massachusetts Institute of Technology (MIT), eine Metatheorie des Entwerfens. Schön bezieht die Arbeitsweise des Entwerfens nicht nur auf die »klassischen« Entwurfsdisziplinen wie Architektur oder Ingenieurwesen, sondern bezieht auch solche Professionen (»Professions«) wie Recht, Medizin, Architektur, Ingenieurwesen, Erziehung oder Management mit ein. Dieses weite Verständnis vom Entwerfen teilt Schön mit Herbert Simon, der in seinem einflussreichen Buch »Sciences of the Artificial« schreibt: »Ingenieure sind nicht die einzigen professionellen Designer. Jeder ist ein Designer, der Abläufe ersinnt, um bestehende Situationen in erwünschte zu verwandeln. (…) So verstanden ist das Entwerfen der Kern jeder professionellen Ausbildung; hauptsächlich dadurch unterscheiden sich die praktischen Berufe von den Wissenschaften. Ingenieurschulen – und ebenso Schulen für Architektur, Wirtschaft, Pädagogik, Recht und Medizin – befassen sich hauptsächlich mit dem Prozess des Entwerfens.« (Simon 1994: 95) Während Simons Entwurfstheorie jedoch zum Ziel hat, die auch von ihm für das Entwerfen als charakteristisch angesehenen verzwickten Probleme in gut strukturierte Probleme umzuwandeln und damit operationalisierbar zu machen, beharrt Schön darauf, dass das Entwerfen einer »technischen Rationalität« nicht zugänglich ist (das von Schön häufig verwendete »technical rationality« steht synonym für kausal-analytische Methoden in den oben genannten »Professions«, was aber angesichts der ursprünglichen, griechischen Bedeutungen von »techne« als Handwerk oder Kunst nicht ganz präzise ist). Schön sieht Unsicherheit, Komplexität und Wertkonflikte als kontinuierliche Begleiter des Entwurfsprozesses und kritisiert daher die ständigen Versuche der »Professions«, kausal-analytische bzw. operationalisierbare Verfahren zu entwickeln. Schön nennt hier ein Beispiel aus den Wirtschaftswissenschaften: Darin bemängelt der damalige Präsident der Harvard University, Derek Bok, die an der Harvard Business School entwickelte Methode der Fallstudien, die grundsätzlich spezifisch sind, und fordert eine Konzentration auf Generalisierungen und analytische Methoden. (Schön 1991: 29f.) Schön sieht dieses Verlangen nach Wissenschaftlichkeit im klassischen Sinne als Ausweichen vor den eigentlichen Problemen der »Professions«, was er mit Hilfe einer Metapher von der klassischen Wissenschaft als Hochebene und dem Entwerfen als sumpfige Niederung zu charakterisieren versucht: »In der abwechslungsreichen Topographie der professionellen Praxis existiert eine hochgelegene, feste Ebene, die auf ein Sumpfgebiet blickt. Auf der hochgelegenen Ebene lassen sich überschaubare Probleme durch die Anwendung forschungsbasierter Theorie und Technik einer Lösung zuführen. In den sumpfigen Niederungen dagegen entziehen sich hartnäckige, verwirrende Probleme einer technischen Lösung. Die Ironie dieser Situation ist es, dass die Probleme auf der Hochebene relativ unbedeutend für die Menschen oder die Gesellschaft sind, wie groß auch immer ihre technische Bedeutung sein mag, während im Sumpf die Probleme von größtem menschlichen Interesse liegen. Der Praktiker muss wählen. Soll er auf der Hochebene bleiben, wo er relativ unbedeutende Probleme gemäß den vorherrschenden, wissenschaftlich strengen Standards lösen kann, oder soll er in den Sumpf der bedeutenden Probleme und weniger strengen Untersuchungen hinabsteigen?« (Schön 1987: 3)

Selbstverständlich verortet Schön den »Praktiker«, d. h. den Entwerfer, in den sumpfigen Niederungen – aber wie lässt sich diese Entwurfsarbeit im Sumpf beschreiben? Um hier eine beschreibbare Struktur herauszufiltern, untersucht Schön die praktische Arbeit von Psychotherapeuten, Managern, Stadtplanern, Ingenieuren und Architekten in Form von Arbeitsprotokollen. Schöns Musterbeispiel der reflexiven Praxis des Entwerfens, welches er in seinen beiden Hauptwerken (1987; 1991) verwendet, ist ein Arbeitsprotokoll aus einem architektonischen Studienprojekt. Ein Architekturlehrer und eine Studentin entwickeln hier in einer Kombination aus Gespräch und skizzenhaftem Aufzeichnen den Entwurf für ein Schulgebäude. In der Analyse dieses Arbeitsprotokolls beschreibt Schön folgende, seiner Meinung nach auf alle Entwurfsprozesse zutreffende Art der Wissensproduktion (Schön 1991: 93f.):

Der Beginn eines Entwurfes ist durch eine komplexe und unsichere Situation gekennzeichnet, die die Auferlegung einer Ordnung verlangt. Diese Setzung, im Beispiel des Schulentwurfes eine L-förmige Anordnung der Klassenräume in Bezug zum abfallenden Gelände, kommt aus den Erfahrungen und Vorlieben des Entwerfers, seinem »Anerkennungssystem« (»appreciative system«, Schön 1991: 272). Jeder Entwerfer wird daher andere Ordnungen bevorzugen, aber irgendeine Ordnung ist prinzipiell als Vehikel, als heuristische Annahme ohne jeden Anspruch auf Richtigkeit in jedem Entwurfsprozess notwendig. Die Folgen dieser auferlegten Ordnung oder Rahmung sind zu Beginn des Entwurfsprozesses noch völlig unklar.

Im folgenden Schritt werden die Konsequenzen der Ordnung für die verschiedenen normativen und theoretischen Ebenen der jeweiligen Profession überprüft. Für die Architektur nennt Schön als Beispiele für diese Ebenen unter anderem Nutzung, örtliche Bedingungen, Raumorganisation, Form, Technologie, Kosten, Charakter oder Darstellung. (ebd.: 96) Bei dieser Überprüfung entsteht ein komplexes Netz aus logischen »wenn...dann«-Ketten: *Wenn* die L-förmigen Klassenräume in den Hang gebaut werden, *dann* müssen Stützmauern gebaut werden. *Wenn* Stützmauern, *dann* ist die Erschließung nur von einer Stelle möglich. *Wenn* Erschließung von dieser Stelle, *dann* entstehen hohe Kosten, usw. Je nachdem, welche Entscheidung an den verschiedenen Knoten dieses Netzes getroffen wird, ändert sich der weitere Verlauf des Entwurfsprozesses: »Das Netz der Handlungen hat viele Verzwei-

Entwerfen – Ausweitung

gungen, was das Problem des Entdeckens und Bewertens von Folgewirkungen erschwert. (...) Wenn der Entwerfer im Entwurfsprozess die Situation ›reflektiert‹, die durch seine früheren Handlungen entstanden ist, muss er nicht nur die gegenwärtigen Wahlmöglichkeiten berücksichtigen, sondern auch die Verzweigungen der zukünftigen Wahlmöglichkeiten, zu denen diese führen, und von denen jede Einzelne eine andere Bedeutung in Bezug zu dem System von Auswirkungen aus vorherigen Handlungen hat. An einem bestimmten Punkt muss er sich von einem ›was wäre wenn‹ zu einer Entscheidung bewegen, die dann zu einem Entwurfsknoten mit verbindlicher Auswirkung für zukünftige Handlungen wird. Es existiert somit ein sich kontinuierlich entwickelndes System von Auswirkungen, innerhalb dessen der Entwerfer ›in Aktion reflektiert‹ (›reflects-in-action‹).« (ebd.: 99f.) Schön sieht diesen Prozess als ständiges »Gespräch« des Entwerfers mit den virtuellen Produkten seines Schaffens. Seine Produkte halten »Rücksprache« mit ihm, was wiederum unvorhergesehene Probleme und Potentiale aufwirft. Aufgrund dieser ständigen Rückkopplungen nennt Schön das Entwerfen »reflexive Praxis«.

Um in diesem Prozess voranzukommen, muss der Entwerfer die Situation an den Entscheidungsknoten immer wieder bewerten. Schön nennt drei Kriterien dieser Bewertungen: Erstens ihre Vereinbarkeit mit den normativen und theoretischen Ebenen der jeweiligen Profession, zweitens die Konformität oder Verletzung der Implikationen vorheriger Entwurfsschritte und drittens die Aussichten, die die neu entstehenden Probleme und Möglichkeiten mit sich bringen. (ebd.: 101) Die Bewertung auch an nur kleinen Entscheidungsknoten hat immer Auswirkungen auf das Ganze, was soweit führen kann, dass die ursprünglich auferlegte Ordnung aufgegeben und durch eine andere ersetzt werden muss. Diese prinzipielle Offenheit für das Aufbrechen der entwickelten Ordnung und die Auseinandersetzungsfähigkeit mit neuen Konfusionen und Ungewissheiten ist für Schön eine wesentliche Voraussetzung für ein gutes Entwurfsergebnis. Die reflexive Praxis des Entwerfens ist demnach ein ständiges Oszillieren zwischen den einzelnen Einheiten und dem Ganzen, und das Ganze steht mit jedem partiellen Fortschreiten immer wieder in Frage. Um dieses Oszillieren leisten zu können, benötigt der Entwerfer eine »double vision« (ebd.: 164), die gleichzeitige Perspektive auf die gesetzte Ordnung und die »Rücksprache« der Situation. Je länger er die »double vision« aufrechterhalten kann, desto größer seine Chancen, zu einer tieferen und breiteren Kohärenz von Artefakt und Idee zu kommen. (ebd.: 164)

Am Ende des Entwurfsprozesses entsteht dann aus der Freiheit vieler möglicher Richtungen durch die ständige Bewertung an den Entscheidungsknoten ein Weg, sich der Entwerfer bekennen muss.

Mit dieser allgemeinen Beschreibung des Entwurfsprozesses wird Schön seinem Hauptanspruch gerecht, eine – meiner Meinung nach bis heute gültige – Metatheorie des Entwerfens zu entwickeln, die – anders als die Herangehensweise der von ihm kritisierten »technical rationality« – Komplexität, Ungewissheit, Einzigartigkeit und Wertekonflikte überzeugend integrieren kann.

Schöns sehr offene Beschreibung des Entwurfsprozesses ist einerseits in keiner Weise mit den präskriptiven Ablaufmodellen der ersten Phase des »Design Method Movement« zu vergleichen und geht andererseits, in gleicher Weise die Verzwicktheit der Entwurfsprobleme anerkennend, über den von Rittel anvisierten partizipativen Ansatz hinaus.

Die reflexive Praxis der »Reflection-in-Action«, das voranschreitende Entwickeln (= »in Action«) von Lösungsmöglichkeiten, die immer wieder in Bezug auf das Ganze abgewogen werden (= »Reflection«), stellt einen der überzeugendsten Versuche dar, eine Erkenntnislehre des Entwerfens zu formulieren. Schöns Vorstellung wird von vielen Seiten bestätigt. Als Beispiel seien hier die zwischen 1986 und 1998 durchgeführten Forschungen eines Kollektivs von Psychologen und Konstruktionsmethodikern über »Denk- und Handlungsweisen beim Konstruieren« genannt, die von Pahl (1999) zusammengefasst werden. Die Ergebnisse sind bemerkenswert, weil der Konstruktionsmethodiker Pahl einer der Verfasser der VDI-Richtlinien 2221 und 2222 aus den 1970er Jahren ist, die den Versuch eines Ablaufschemas des Konstruierens (das dort gleichbedeutend mit Entwerfen ist) darstellen. Pahl meint: »Erfolgreich arbeitende, methodisch ausgebildete Konstrukteure verfolgen dagegen eine ausgewogene Suchraumgestaltung, d. h. sie generieren divergierend nur eine überschaubare Variantenzahl, um diese bald konvergierend auf eine erfolgreich erscheinende Lösung zurückzuführen. Dabei bewegen sie sich fortschreitend vom abstrakten Prinzip zur konkreten Gestalt. Auf dem jeweils konkreter werdenden Niveau betrachten sie wiederum mehrere Varianten, um diese wieder rasch zu einer günstig erscheinenden, konkreten Lösung zu verdichten.« (Pahl 1999: 13) Bis auf die Betonung der Überschaubarkeit von Varianten stimmt seine Beschreibung des Entwurfsprozesses mit der reflexiven Praxis Schöns überein. Für das Verhältnis zwischen seinem eher linearen Ablaufschema der VDI-Richtlinien und den Ergebnissen der neuesten Forschungen lässt Pahl eine deutliche Hinwendung zu den reflexiven Handlungsweisen erkennen: »Wir lernten während der empirischen Untersuchungen, dass die von der Konstruktionsmethodik vorgeschlagenen Vorgehenspläne (d. h. die VDI-Richtlinien 2221 und 2222, M. P.) als Leitfaden, was zu machen und zu erreichen ist, hilfreich und nützlich sind. Sie spiegeln aber im Einzelfall keineswegs den realen Ablauf wider. Auch erfolgreiche und methodisch ausgebildete Konstrukteure gehen nicht strikt nach den Plänen vor, sondern benötigen Vor- und Rücksprünge, um die Lösungsentwicklung ganzheitlich besser vorantreiben zu können.(…) Fricke leitet daraus die Forderung nach einem flexibel-methodi-

Entwerfen – Ausblick

schen Vorgehen ab, das sich an den idealtypischen Vorgehensplänen orientiert, sie aber nicht formalistisch abarbeitet, sondern individuell und situationsabhängig anpasst.« (ebd.: 13) Diese erstaunlich methodenskeptischen Worte aus den Ingenieurwissenschaften, die von allen »Professions« noch den meisten Bezug zur »technischen Rationalität« haben, bestätigen die von Schön aufgestellte These, dass die reflexive Praxis des Entwerfens eine eigenständige Erkenntnisweise ist: Sie umfasst sowohl individuelle, intuitive Elemente wie die auf Erfahrung beruhende Setzung einer Ordnung als auch rationale Abwägungen, wenn auf die normativen Ebenen der jeweiligen Profession zurückgegriffen wird. Diese Bimodalität des Entwerfens macht (bis heute) insbesondere »Professions« wie der Architektur das Leben an der Universität schwer: »Architektur etablierte sich als Profession vor dem Aufstieg der technischen Rationalität und trägt daher die Samen einer früheren Sicht auf professionelles Wissen in sich. Wahrscheinlich ist das der Grund dafür, warum sie so eine marginale Position an den zeitgenössischen Universitäten einnimmt. Mit ihrer Bimodalität und der ausdrücklichen Bezugnahme auf die anders geartete Erkenntnistheorie der Praxis kommen die Universitäten schwer zurecht.« (Schön 1987: 43)

Dass die Integration der beiden Pole aber gerade die Qualität, der Mehrwert des Entwerfens ist, hat keiner prägnanter beschrieben als Otl Aicher:

»ein entwurf ist das komplexeste gebilde geistiger tätigkeit. ein entwurf ist gleichzeitig analytisch und synthetisch, punktuell und allgemein, konkret und prinzipiell. er hält sich an die sache und an forderungen, er greift auf fakten zurück und öffnet neue denkräume. er zählt die erbsen und reißt perspektiven auf. er berechnet und eröffnet landschaften der möglichkeiten.« (Aicher 1991: 195)

Im folgenden Abschnitt soll untersucht werden, wie die aktuelle Entwurfstheorie diese bimodale, reflexive Praxis des Entwerfens, bei der Intuition und Analyse untrennbar miteinander verwoben sind, weiterdenkt und wie dieser Modus der Wissensproduktion in die im ersten Kapitel entwickelte wissenschaftstheoretische Diskussion eingebettet werden kann.

3.3 Ausblick

Die bisher beschriebene »Geschichte« der Entwurfstheorie begann im »Ausgang« mit dem handwerklichen und zeichnerischen Entwerfen als intuitiver, nicht verallgemeinerbarer Arbeitsweise und schwenkte dann kurzzeitig in das andere Extrem einer analytischen, operationalisierbaren Methode. In der »Ausweitung« wurde die Auflösung dieses dualistischen Verhältnisses gezeigt und erste Versuche einer eigenständigen Metatheorie des Entwerfens beschrieben, die nicht auf klassischen Einteilungen wie Wissenschaft (im kausalanalytischen Sinne) oder Kunst aufbaut.

Diese Metatheorie des Entwerfens soll hier mit den in Kapitel 1 skizzierten Entwicklungen in der aktuellen Wissenschaftstheorie in Verbindung gebracht werden. Grundsätzlich wird an Schöns »Reflexive Praxis« angeknüpft, aber darüber hinaus werden Weiterentwicklungen und Präzisierungen der aktuellen Entwurfstheorie einbezogen. Die Beziehungen zwischen Entwerfen und Komplexität, Modus 2-Wissensproduktion sowie den wissenschaftstheoretischen Weltsichten werden ebenso untersucht wie die Eigenart entwerferischer Objektivität.

Die Frage wird sein: Ist das Entwerfen nur ein hübscher, etwas heikler Exot oder eine unersetzliche Leitpflanze im Blumenbeet der Wissensproduktion?

Entwerfen und Komplexität

Donald Schön zeigte in seiner Metatheorie der »Reflection-in-Action«, was das Charakteristikum des Entwerfens ist: der reflexive Prozess einer größtmöglichen Verbesserung der Relationen zwischen individuell gesetzter Ordnung und dem jeweiligen Kontext. Dieser Prozess ist durch Unvorhersagbarkeit gekennzeichnet, weil Unstimmigkeiten auch in kleinsten Teilschritten den Gesamtprozess jederzeit an den Anfang zurückwerfen können, um wieder mit einer neu gesetzten Ordnung zu starten. Komplexität im Sinne des in Kapitel 1.1 entwickelten Dreiklanges aus Unvorhersagbarkeit, Prozessualität und Relationalität steht damit im Zentrum des Entwerfens. Entwerfen ist – und war natürlich schon immer – komplex. Aber diese Behauptung mit Selbstbewusstsein vorzutragen und die Konsequenzen von Ungewissheit oder Situationsabhängigkeit zu akzeptieren, bekommt erst seit kurzem ein wissenschaftliches Fundament. Die inzwischen von den Protagonisten selbst als Verirrungen dargestellten Systematisierungsversuche des Entwerfens waren dagegen ein Ausdruck dafür, genuine Komplexität nicht akzeptieren zu können. Als Schön den »Reflective Practitioner« 1983 schrieb, war die Reichweite der Komplexitätswissenschaften noch kaum abzusehen. Die metatheoretische Formulierung der »Reflexiven Praxis«, der es in Abgrenzung zu klassischen Vorstellungen von »technischer Rationalität« gelingt, Ungewissheit, Einzigartigkeit und Wertekonflikte zu integrieren, war deshalb ein mutiger Schritt. Inzwischen erfährt die komplexe Denkweise eine immer größere Akzeptanz in der Wissensproduktion, so dass das Herausarbeiten der Parallelen zwischen Entwerfen und Erkenntnissen der Komplexitätswissenschaften zukünftig ein fruchtbares Feld für die Entwurfstheorie darstellen wird.

Entwerfen – Ausblick

Entwerfen und Modus 2-Wissenschaften

Der Bremer Entwurfstheoretiker Wolfgang Jonas ist einer der anregendsten und aktivsten Vertreter der internationalen Entwurfstheorie-Gemeinde (siehe beispielsweise sein seit 2002 laufendes Projekt »www.thebasicparadox.de«). Seine entwurfstheoretischen Texte zeigen eine bemerkenswerte Entwicklung: Während er noch 1994 in seiner Habilitationsschrift »Design-System-Theorie« den umfangreichen Versuch unternahm, dem Entwerfen mit Hilfe von System- und Evolutionstheorie ein »Modell« als Basis zu geben, hat er sich in den letzten Jahren von derartigen methodischen Versuchen verabschiedet und stellt klar: »Methoden werden niemals sichere Rezepte sein, sondern vielmehr nachträgliche Rationalisierungen höchst kontingenter Prozesse. Im besten Falle dienen sie als Checkliste innerhalb akademischer oder professioneller Prozesse, die sicherstellen, dass keiner der bekannten Aspekte vergessen wurde. Darüber hinaus sollten wir die Kontextabhängigkeit bedenken. Methoden sind auch immer ein Resultat des Zeitgeistes. Es gibt keinen Fortschritt in der Methodik, denn Kontexte und Gegenstände evolvieren gemeinsam.« (Jonas 1999)

In seinen neueren Texten betont Jonas ähnlich wie Schön, dass Entwerfen eine eigenständige Erkenntnisform ist, die nicht in Form einer natur- oder humanwissenschaftlichen Weise zu fassen ist. Er fasst diese Eigenständigkeit, in Abgrenzung zu den klassischen Wissenschaften, in prägnanten Worten zusammen:

«Das Ziel des Machens im Design liegt jedoch nicht in generalisierender Erkenntnis, sondern im Funktionieren des Gemachten, in sich selbst. Design hat keinen paradigmatischen Kern, ist eine ›grundlose Disziplin‹, seine unsichere Basis sind charakteristische Prozessmuster. (…) Es gibt keinen Fortschritt, es gibt bestenfalls die optimale Passung. Es gibt keinen archimedischen Punkt für Kritik im Design. Etc. Dies ist alles kein Makel, sondern das Charakteristische der Disziplin und eine Stärke, die es zu entwickeln gilt.« (Jonas 2000: 123)

Die einzelnen Thesen dieses äußerst dichten Zitates, in dem die Entwurfseigenschaften zusammengefasst werden, lohnen eine eingehendere Betrachtung:

– *keine generalisierende Erkenntnis, sondern Funktionieren des Gemachten*
Die Qualität eines Entwurfes bemisst sich nie daran, ob er ein allgemeingültiges Vorbild für andere sein kann. Während die klassische Wissenschaft nach generalisierbaren Regeln sucht, zeigt sich die Güte eines Entwurfes im Gebrauch, in der Anwendung.

– *kein paradigmatischer Kern, sondern unsichere Basis charakteristischer Prozessmuster*
Während sich die klassischen Wissenschaftler bei ihrer Arbeit auf eine Vielzahl axiomatischer Regeln verlassen können, die als feste

Basis eine »Hochebene« (nach der oben zitierten Metapher von Schön) für die jeweiligen Disziplinen darstellen, arbeitet das Entwerfen im »Sumpf«. Hier verdichten sich Ideen zu tragfähigen Klumpen, die aber schon beim nächsten Entwurf aufgelöst sein können. Diese prozessualen Verdichtungen sind mal größer, mal punktueller, mal zäher, mal flüchtiger – aber niemals dauerhaft sicher. Für Jonas stellen diese prozessualen Ideenklumpen ein »Archiv« dar – Erfahrungen, Fälle, Theorien werden dort temporär abgelegt und bilden einen »Baukasten ohne strikte Spielregeln und verfeinerte Reglements«. (Jonas 2000: 121) Diese Flexibilität fordert Regelverletzungen geradezu heraus – eine von Jonas als für das Entwerfen wichtige, positiv angesehene Tatsache, denn Regelverletzungen sind für das Schaffen von Neuem unerlässlich.

– kein Fortschritt, sondern bestenfalls optimale Passung
Unter Fortschritt versteht Jonas unter anderem den Anstieg wissenschaftlicher »Wahrheiten« oder die Akkumulation »richtiger« Lösungen. (Jonas 2002b) Im Entwerfen kann es aber keine »richtigen Lösungen« geben, weil schon die Probleme nicht »richtig« formuliert werden können (siehe oben, »verzwickte Probleme«). Ziel kann es daher im Entwerfen immer nur sein, zwischen dem zu Machenden und seinem Kontext reflexiv eine immer bessere Passung zu erreichen. Das Ergebnis stellt dann auch keine Lösung, sondern eine Entscheidung dar, weil der reflexive Optimierungsprozess zwischen Gemachtem und Kontext prinzipiell nie endet. Die erzielten Passungen können dann wohl eine Bereicherung des »Entwurf-Archivs« und somit einen Wissenszuwachs darstellen, aber nicht einen Fortschritt im klassischen Sinne. Entwerfen ist also offen für den konkreten Kontext und verzichtet auf den Schutzpanzer abstrakter Wahrheit.

Aicher interpretiert das positiv und meint: »in einer kultur der entwürfe entsteht ein prozeß, den man die dezentralisierung des wahrheitsanspruchs nennen könnte.« (Aicher 1991: 191)

Diese Punkte von Jonas sind zwar nicht unbedingt neu, sondern lassen sich schon in den oben von Rittel oder Schön beschriebenen Eigenschaften des Entwerfens finden – dennoch stellen sie eine präzise Zusammenfassung dar, die in dieser Klarheit vorbildlich ist.

Nach Jonas´ Fassung des Entwurfsprozesses weist das Wissen, das im Entwerfen produziert wird, folgende Eigenschaften auf:
kontextuell (Stichwort »Passung«),
temporär (Stichwort »Prozessmuster«) und
anwendungsbezogen (Stichwort »Funktionieren«).
Mit dieser Charakterisierung wird die Annäherung zwischen der entwerferischen Wissensproduktion und der Modus 2-Wissensproduktion unmittelbar deutlich. Dazu sei Letztere zur Wiederholung noch einmal zusammengefasst (vgl. 1.3): »Im Vordergrund der Wissensproduktion nach Modus 2 steht die kontinuierliche

Entwerfen – Ausblick

Konfiguration und Rekonfiguration von Wissen, das auf einer *temporären* Basis in unterschiedlichen und heterogenen Anwendungskontexten zusammengefügt wird und zu einer neuen Problemlösungskapazität führen kann. Der theoretisch-methodische Kern, der die einzelnen etablierten Disziplinen verbindet, *wird häufig von lokalen Problemsichten und -definitionen beeinflusst und konstituiert sich somit lokal*, an einem konkreten Ort und in einer konkreten Forschungsgruppe. Das führt dazu, daß ein solcher Kern selbst in hohem Grad sensitiv bleibt gegenüber lokal erfolgenden Änderungen in der Problemsicht und erwarteten Lösungsrichtungen und somit *stark vom jeweiligen Anwendungskontext abhängig ist.*« (Nowotny 1999: 107f.; kursiv M. P.)

Die Ähnlichkeiten sind überdeutlich: Sowohl das entwerferische als auch das Modus 2-Wissen zeichnet sich aus durch Kontextualität, Temporalität und Anwendungsbezogenheit.

In der Konsequenz darf von einer engen Verzahnung des Entwerfens mit dem »neuen« Modus der Wissensproduktion gesprochen werden. Wenn Nowotny für die Zukunft nicht-lineare Formen der Wissensintegration fordert, um die alte, linearakkumulative und mechanistische Wissensproduktion abzulösen (Nowotny 1999: 109f.), dann hat sie übersehen, dass mit dem Entwerfen eine solche Form der Wissensintegration längst bereit steht. Daher sollen in den transdisziplinären Forschungsgruppen der Modus 2-Wissensproduktion die »Professionals« (im Sinne von Schön und Simon, s. o.) mit ihrer Entwurfskompetenz meiner Meinung nach zu unverzichtbaren Teilnehmern werden.

Ein Beispiel für eine entwerfende Modus 2-Wissensproduktion ist der Umgang mit der größten Mülldeponie der Welt, »Fresh Kills« in Staten Island, New York. Nachdem diese im Jahre 2001 nach fünfzigjähriger Nutzung geschlossen wurde, mussten Konzepte für eine Nachnutzung entwickelt werden. Die Problematik stellt ein typisches Modus 2-Geflecht dar, es galt toxische, ökologische, regionale und kulturelle Fragen unter einen Hut zu bringen.

Das Gebiet erwies sich einerseits als hoch konstruktives System mit vielen Vorrichtungen des technischen Umweltschutzes zum Schutze der öffentlichen Gesundheit, andererseits war auf Teilen der Mülldeponie nie Müll verkippt worden, so dass sich wertvolle Feuchtgebiete, Fließgewässer und andere Biotope entwickeln konnten. Im Jahr der Schließung wurde sogleich ein Wettbewerb ausgelobt, um aus diesem problematischen Ort einen Aktivposten für Staten Island, die Stadt New York und die ganze Region zu machen. Schon an der Auslobergemeinschaft wird die Vielschichtigkeit der Aufgabe deutlich: Neben dem Stadtplanungsamt waren das Amt für Gesundheitswesen, Parks und Erholung, das Amt für kulturelle Angelegenheiten und die »Municipal Art Society« beteiligt. Auch die Ansprüche an das Gebiet waren breit gefächert: Erholung, Vogelschutz, Deponiesicherheit, Feuchtgebietsschutz, Sport, Umweltpädagogik etc. Um dieser komple-

III-8: »Lifescape«: Perspektive

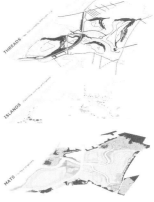
III-9: »Lifescape«: Matrix

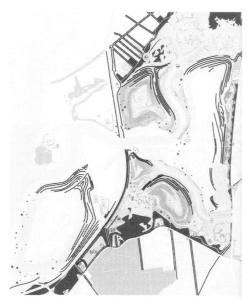
III-10: »Lifescape«: Erste Realisierungsphase

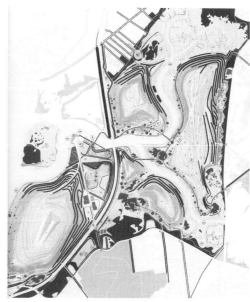
III-11: »Lifescape«: Zweite Realisierungsphase

xen Aufgabe gerecht werden zu können, durften sich zum Wettbewerb nur interdisziplinäre Teams (unter Führung von Landschaftsarchitekten) zur Teilnahme bewerben. Sechs Teams wurden eingeladen, von denen der siegreiche Entwurf hier kurz vorgestellt werden soll.

Im vom Landschaftsarchitekten James Corner und seinem Büro »Field Operations« geleiteten Team waren beteiligt: Ingenieure für Wasserbau, Verkehrswesen und technischen Umweltschutz; Ingenieurbiologen; Ökonomen; Kommunikationswissenschaftler; Licht-

Entwerfen – Ausblick

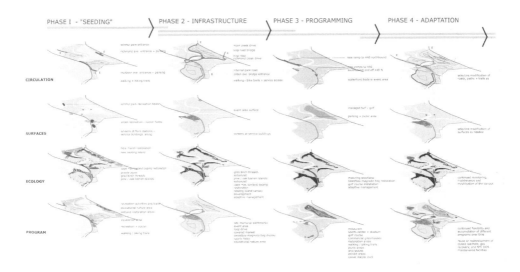

III-12: "»Lifescape«: Verschiedene Ebenen des Konzeptes und ihre Realisierung und Transformation in den nächsten Jahrzehnten

gestalter; Pflanzen- und Feuchtgebietsökologen; Ornithologen. Dieses Team schlägt mit dem Entwurf »Lifescape« eine Matrix (s. Abb. III-9) aus Bändern (»Threads«), Inseln (»Islands«) und Oberflächen (»Mats«) vor, das gleichzeitig die ökologische Vielfalt erhöhen und die Bewegungen von Menschen, Wasser und Tieren intensivieren soll:

»Lineare Bänder steuern die Ströme von Wasser, Energie und Materie im Gebiet und injizieren neues Leben in ansonsten homogene Zonen. Flächiges Gewebe erzeugt ein flickenartiges Mosaik aus zumeist durchlässigen Oberflächen, um eine nachhaltige Bodenbedeckung, Erosionskontrolle und ursprüngliche Habitate zu erreichen. Bündelungen von Inseln bieten dichtere Gebiete für geschützte Biotope, Ausbreitungsquellen für Samen und Nutzungsangebote.« (Corner u. a. 2001: 7)

Diese Matrix wird in vier Phasen etabliert (s. Abb. III-12), wobei eine Mischung aus einem robustem, übergreifenden und identitätsstiftenden Rahmen angestrebt wird – bei gleichzeitig lokaler Flexibilität für sich verändernde Ansprüche. Der Entwurf verzichtet somit auf eine »festgelegte Lösung«.

Für die Gestaltung der räumlichen Umwelt ist Fresh Kills damit sicherlich eines der herausragenden Beispiele einer transdisziplinären, kontextuellen, temporären und anwendungsorientierten Wissensproduktion. Es ist offensichtlich, dass sich derartig komplexe Probleme weder von irgendeinem disziplinären Wissenschaftler noch einem individuell agierenden, »genialen« Entwerfer lösen lassen. Kollaborative Modus 2-Teams sind notwendig – ein Trend, der sich in der Landschaftsarchitektur schon länger abzeichnet, aber immer noch nicht offensiv genutzt wird. Dabei zeigt beispielsweise John Beardsley, dass die herausragenden und zukunftsweisenden Landschaftsarchitekturprojekte (u. a. Landschaftspark Duisburg-Nord; Xochimilco Park in Mexiko, s. Kapitel 4) komplexen und kollaborativen Charakter haben (Beardsley 2000). Hier kommt die Fähigkeit der Landschaftsarchitekten zum Tragen, das wohl weiteste Spektrum innerhalb der räumlich gestaltenden Professionen zusammenzudenken und die vielfältigen, disziplinären Fäden zu einem Entwurf verknüpfen zu können. Die Landschaftsarchitektur steht also schon inmitten der Modus 2-Wissensproduktion. Das Bewusstsein der eigenen Potentiale sollte nun fest innerhalb der Profession verankert werden, um diese auch nach Außen vermitteln zu können.

Wie steht es mit dem Entwerfen in der von Nowotny et al. prognostizierten Modus 2-Gesellschaft? Mit dem Verlust des Alleinvertretungsanspruches der Wissenschaften gegenüber der »objektiven Realität« stellen Nowotny et al. für die Modus 2-Gesellschaft heraus, dass Wissen in einer Vielzahl verschiedener, hybrider Verhandlungsräume, denen sie den Oberbegriff »Agora« geben, verhandelt werden muss (s. Kapitel 1.3). Dieser Dialog mit der Gesellschaft ist seit langem selbstverständlich für die Entwurfsprofessionen und findet in den verschiedensten Formen statt: Vom Sportschuhentwerfer, der Trendscouts ausschickt, die ihm Informationen über zukünftige Wünsche einholen bis zur Internetplattform für die Bürgerbeteiligung bei Bauprojekten (z. B. auch beim Projekt »Fresh Kills«) ist das Spektrum sehr weit. In den bauenden Professionen regt sich zur Zeit ein neues Interesse, nachdem die Frustrationsphase durch die in Abschnitt 3.2 beschriebenen – aufgrund der zu geringen Vorgaben von Seiten der Entwerfer wenig erfolgreichen – partizipativen Methoden überwunden worden ist. Ein Beispiel für die Möglichkeiten von Landschaftsarchitektur und Agora soll im vierten Kapitel mit dem Projekt »Hamburg-Neugraben/Fischbek« vorgestellt werden.

Bis hier konzentrierte sich die Diskussion vor allem auf die Parallelen zwischen Modus 2-Wissensproduktion und Entwerfen, die der Integration der komplexen Denkweise entspringen. Die komplexe Denkweise ist, wie oben gezeigt wurde, das Zentrum des Entwerfens. Aber das Entwerfen geht noch darüber hinaus. Wie schon Donald Schöns reflexive Praxis zeigte, integriert die Handlungsweise des Entwerfens notwendig kausales, also Modus 1-Wissen, denn ohne dieses kann der reflexive Bewertungsprozess nicht einsetzen. Dieses integrative Potential des Entwerfens wird noch deutlicher anhand von Posers wissenschaftstheoretischen Weltsichten.

Entwerfen und wissenschaftstheoretische Weltsichten

Im Ausblick des Kapitels »Komplexität« wurde Hans Posers These dargestellt, dass sich das Evolutionsschema momentan zur neuen wissenschaftstheoretischen Weltsicht entwickelt. Die evolutionäre Weltsicht löst die kausale Weltsicht ab, welche wiederum zu Beginn der Neuzeit die teleologische Weltsicht abgelöst hatte. Während die letzteren beiden jeweils einen Alleinvertretungsanspruch erhoben, betont Poser, dass trotz einer hervorgehobenen Position der evolutionären Deutung sowohl das kausale als auch das teleologische Schema in bestimmten Bereichen ihre Berechtigung haben. Jede hat ihre eigene Zuständigkeit, aber sie überlappen sich kaum, dazu ist jede der drei Weltsichten zu eigenständig definiert:

Die teleologische, finale Weltsicht leitet die Deutung des vergangenen und gegenwärtigen Geschehens von einem (zukünftigen) Ziel ab – allerdings ist dies immer eine grundsätzlich anzweifelbare Setzung.

Die kausale Weltsicht erlaubt durch deterministische Gesetze eine Berechnung sowohl zukünftiger als auch vergangener Zustände – allerdings gilt diese Berechenbarkeit nur für eingeschränkte Bereiche.

Die evolutionäre Weltsicht ermöglicht mit Hilfe des Mutations-Selektions-Schemas eine umfassende Deutung aller Prozesse des Werdens – allerdings nur retrospektiv.

Es soll nun der einfache Gedanke formuliert werden, dass die Handlungsweise des Entwerfens diese drei Weltsichten integriert. Das Entwerfen kann eine Mittlerrolle zwischen diesen drei »separaten« Weltsichten einnehmen und Einschränkungen einer einseitigen Sichtweise aufheben.

Der Kern des Entwerfens ist die evolutionäre Perspektive, das »reflexive Werden«, in dem die Möglichkeiten für das zu Machende entwickelt und im Dialog mit dem Kontext ausgewählt werden. Aber darüber hinaus integriert Entwerfen auch teleologische und kausalanalytische Aspekte: Ohne eine Ausrichtung auf einen konkreten Zweck wie das Funktionieren und den Gebrauch kann die reflexive Praxis gar nicht beginnen; ebenso bewertet das Entwerfen die Qualität des zu Machenden an kausalanalytisch gewonnenen Kriterien, wie beispielsweise Materialeigenschaften etc.

Dieses integrative Vermögen des Entwerfens erscheint immer wichtiger in einer komplexen, menschgemachten Welt. Die Grenze zwischen natürlich und künstlich ist so durchlässig geworden, dass man von ihr nur noch als einer – bisweilen nützlichen – Fiktion sprechen kann. Ob das Entwerfen in dieser Welt des Homo faber zur Weltsicht werden kann, ist eine spannende Zukunftsfrage. (vgl. Poser 2003: 13)

Entwerfen und Objektivität

In diesem Abschnitt soll der Frage nachgegangen werden, wo im Entwurfsprozess die Rede von Objektivität im Sinne intersubjektiver Überprüfbarkeit sein kann. Schon Donald Schön war es ein zentrales Anliegen, das Entwerfen vom Vorwurf einer mystischen Undurchschaubarkeit zu befreien. Im »Reflective Practitioner« wollte er nachweisen, dass auch das Entwerfen eine Art von wissenschaftlicher »Strenge« hat: »Ich möchte behaupten, dass sie [reflection-in-action, M. P.] einer Form von Strenge unterliegt, die sowohl Gemeinsamkeiten als auch Unterschiede zur Strenge wissenschaftlicher Forschung und kontrollierter Experimente aufweist.« (Schön 1991: ix)

Der Kern dieser »Strenge«, liegt in den Bewertungsprozessen zwischen der individuell gesetzten Entwurfsidee und den konkreten Gegebenheiten der Situation. Hier gibt es intersubjektiv gültige Kriterien, mit deren Hilfe die Qualität eines Entwurfes für den jeweiligen Kontext bewertet werden kann: Quert die Straße den Stadtplatz so, dass die Fußgänger nicht gefährdet sind? Bietet ein Kontrast aus strengen und freien Formen mehr Nutzungsmöglichkeiten? Dabei handelt es sich insofern um eine nachfolgende, »innere« Phase des Entwurfsprozesses, als zuvor von »außen« die Ordnung bzw. die Idee gesetzt worden sein muss. Dieser prinzipiell notwendige, gesetzte Ordnungsrahmen entspringt, wie in Abschnitt 3.2 beschrieben, einem komplexen Anerkennungssystem (»appreciative system«, Schön 1991: 272) des Entwerfers. Da dieses Anerkennungssystem bei jedem Entwerfer anders und damit subjektiv ist, kann für diesen Moment des Entwerfens nicht von intersubjektiver Überprüfbarkeit gesprochen werden. Schön interpretiert diese »spezielle Version des Problems der Objektivität« (ebd.: 273), wie er es nennt, folgendermaßen: Eine Objektivität kann es nur *innerhalb* des reflexiven Gespräches des spezifischen Entwurfsprozesses geben. Hier kann das zu Machende in Bezug auf den zuvor gesetzten, dem subjektiven Anerkennungssystem entspringenden Ordnungsrahmen rational beurteilt werden. *Außerhalb* des einzelnen Entwurfsprozesses kann es eine solche Objektivität nicht geben, weil es kein konkret zu Machendes und keinen Kontext gibt, worauf sie sich beziehen kann. In diesem Fall müsste allgemein beurteilt werden, ob die Setzung der Ordnung oder Möglichkeit objektiv ist – und das ist, wie oben gezeigt wurde, prinzipiell nicht möglich.

Wenn beispielsweise in Schöns Beschreibung des Schulentwurfes der Entwerfer festlegt, dass das Gebäude terrassenförmig in den Hang gesetzt wird, dann ist das ein Ordnungsrahmen, der dem subjektiven, komplexen Anerkennungssystem des Entwerfers entspringt. Ob diese Ordnung und die notwendigen, nachfolgenden Entwurfshandlungen dann kompatibel sind, kann mit Hilfe normativer, formaler oder ideeller Bewertungskriterien »objektiv« entschieden werden. Aber jenseits dieses konkreten, »inneren« Entwurfsprozesses mit seiner situativen Einbettung kann keine objektive Entscheidung getroffen werden – die allgemeine Frage, ob Schulen in den Hang gebaut werden sollen, macht keinen Sinn. Dieser subjektive Charakter der Setzung soll abschließend mit Otl Aichers Metapher des »angel auswerfens« verdeutlicht werden: »das wort ›entwurf‹ kommt von werfen. entwurf heißt, etwas aus sich

Entwerfen – Ausblick

heraus werfen. so wie man eine angel auswirft. das wort trifft die sache ziemlich genau. man wirft etwas in die höhe, um zu sehen, wie es sich verhält. das ist etwas grundsätzlich anderes als gesetzmäßigkeiten erforschen, sie in logischen schritten vollziehen und danach urteile fällen.« (Aicher 1991a: 148) Das Auswerfen der Angel entspricht der Setzung einer Ordnung oder Möglichkeit und ist kontingent, einer äußeren Objektivität nicht zugänglich.

Auch Hans Poser zeigt die Grenzen möglicher Objektivität beim Entwerfen auf, was durchaus im Sinne von Schöns Unterscheidung zwischen innerer, spezifischer und äußerer, allgemeiner Objektivität interpretiert werden kann. Poser sieht diese Grenzen von Objektivität in der Tatsache begründet, dass Entwerfen mit dem Konzipieren von Möglichkeiten zu tun hat, die als verwirklichungsfähig gelten. Möglichkeiten haben ontologisch einen anderen Status als Wirklichkeiten: Beim Denken von Möglichem bleibt immer »ein metaphysischer Bestandteil anhaften, wenn man darunter einen inhaltlichen Anteil versteht, der weder aus empirischen noch aus formalen Gründen wahr ist, denn genau diesen Status haben kontingente (also nicht auf Logik zurückführbare) Möglichkeitsaussagen.« (Poser 2003: 7)

Aber »innerhalb« dieser metaphysisch »gefundenen« oder »gesetzten« Möglichkeiten im »Ideenraum« des jeweiligen Entwurfes sind überprüfbare Bewertungsmethoden unbedingt notwendig: »Die Sphäre des Ideenraumes muss deshalb Wertungsprinzipien formaler oder inhaltlicher Art unterworfen werden: Der menschlich-demiurgische Entwurf ist nur unter dieser Voraussetzung zu haben, und das heißt: der Möglichkeitsraum als Ideenraum muss Realisierbarkeits- und Wertungsbedingungen genügen.« (ebd.: 8)

Wenn dann im Entwurfsprozess die Verwirklichungsmöglichkeit diesen objektiven Realisierbarkeits- und Wertungsbedingungen genügen kann, dann geht Poser so weit zu sagen, dass »*die Möglichkeit notwendig wirklich wird*, und zwar mit kausaler Notwendigkeit. Würde dies nicht angenommen, wäre Technik grundsätzlich sinnlos, denn sonst wäre schon von ›Mitteln zur Erreichung von Zielen‹ zu sprechen sinnlos, zu schweigen von der Hervorbringung technischer Artefakte für bestimmte Ziele.« (ebd.: 9; kursiv M. P.)

Genau diese Form von Objektivität, von innerer Notwendigkeit, durch die Möglichkeiten wirklich werden, meint auch Hans Loidl, wenn er zusammenfasst:

»*Entwerfen ist Notwendigmachen von Möglichkeiten*:
Ein gedankliches Fischernetz, geknüpft aus Anforderungen der Planungsinitiierenden, aus Gebrauchsvorurteilen und aus den Geschichten des Ortes, holt aus dem See der Möglichkeiten erstes Stückwerk: Ideen, Gestalt(arche)typen, Vorbilder.

Einige passen gut zusammen, bilden das erste Gefüge, benötigen einander.

Daran anzulagern, zu ergänzen, erweitern, verringern, verbinden, vertiefen und detaillieren, bis daraus eine ideell und formal möglichst konsistente Gesamtgestalt erwächst, ein immer dichterer und konkreterer Zusammenhang aller Teile mit dem Ganzen, das ist das Notwendigmachen von Möglichkeiten.
Von der Freiheit in die Gebundenheit, das ist Entwerfen (und Leben).« (Loidl 2001: 196; kursiv M. P.)

Alle drei Autoren – Schön, Poser und Loidl – betonen auf Basis nachprüfbarer Kriterien eine innere Notwendigkeit, dass Möglichkeiten wirklich werden können. Wenn es hier beim »reflexiven Entwurfsgespräch« um das Gerechtwerden der Möglichkeit gegenüber Kriterien wie Materialeigenschaften, Kosten, technische Normen etc. geht, ist die Bewertung relativ einfach – aber alle Autoren nennen auch weniger leicht zu fassende Kriterien wie »Konsistenz« (Loidl), »größtmögliche Vielfalt bei größtmöglicher Ordnung« (Poser (nach Leibniz) 2003: 8) oder »Kohärenz« (Schön 1991: 164). Inwieweit auch diese ästhetischen, für den Entwurfsprozess bedeutenden Kriterien wissenschaftstheoretisch »zulässig« sind, diskutiert der Münchener Wissenschaftstheoretiker C. Ulises Moulines. Er versucht, Parallelen zwischen Kunst und Wissenschaftstheorie aufzuzeigen und geht so weit zu sagen, dass es eine allgemeine Objektivität auch für wissenschaftstheoretische Konstruktionen nicht gibt, und folgert:

»Wenn man nun die rein deskriptive Natur sowohl der Kunst als auch der Wissenschaftstheorie bestreitet, wenn man also bestreitet, daß die Kategorien »wahr« und »falsch« im Sinne des Entsprechens von Gedanken und Tatsachen sinnvoll auf Kunstwerke und logische Rekonstruktionen angewandt werden können, und die semantische Offenheit beider Produktionsarten verteidigt – so impliziert all das trotzdem nicht, daß wir einem Relativismus anheimfallen. Es bedeutet nicht, daß in der Wissenschaftstheorie *anything goes*, noch folgt aus der nicht-deskriptiven Natur der Sprache der Kunst, daß irgendein Gemälde den gleichen ästhetischen Wert wie irgendein anderes hat. In beiden Fällen haben wir Wertmaßstäbe, auch wenn sie nicht auf dem Wahrheitsbegriff fundiert sind, wenigstens nicht im klassischen Sinne dieses Begriffs als Eins-zu-eins-Entsprechung zwischen Gedanken und Tatsachen.« (Moulines 1997: 54f.)

Der Wahrheitsbegriff, den Moulines anschließend entwickelt, weist erstaunliche Parallelen zu Schöns oben beschriebener »inneren« Objektivität auf: »Wir können im Falle von metatheoretischen Rekonstruktionen sicherlich in gleicher Weise von so etwas wie einer ›inneren Wahrheit‹ sprechen so wie die Kunstkritiker von der inneren Wahrheit eines Gemäldes oder eines Romans sprechen. Die innere Wahrheit, die von dem Wissenschaftstheoretiker angestrebt wird, kann mit der Idee der Adäquatheit verglichen werden, die bei künstlerischen Darstellungen angewandt

Entwerfen – Ausblick

wird, jedoch darf diese Art von Adäquatheit eben nicht mit der *adaequatio rei et intellectus* der klassischen Korrespondenztheorie der Wahrheit verwechselt werden. Wir sollten hier den Term ›Adäquatheit‹ vielmehr im Sinne von Angemessenheit interpretieren, so wie wir sagen, daß ein bestimmtes Kleidungsstück für eine bestimmte Person angemessen ist. Ein Kleidungsstück ist nicht ›wahr‹ oder ›falsch‹ für eine Person, aber es kann mehr oder weniger für sie geeignet sein.« (ebd.: 55)

Zum Abschluss dieses Argumentationsstranges nennt Moulines dann noch differenziertere Entscheidungskriterien, die eine »innere Wahrheit« kennzeichnen: »Typische Ausdrücke, die sinnvoll verwendet werden können, wenn man eine Metatheorie als bevorzugt auswählt, sind: ›Eleganz‹, ›Kohärenz‹, ›Transparenz‹, ›Klarheit‹, ›Tiefe‹ oder ›Plastizität‹ u. ä.« (ebd.: 55)

Mit dieser Argumentation, die ästhetische Kriterien auch für wissenschaftstheoretische Bewertungsfragen zulässt, kann der Ball von der Wissenschaftstheorie zur Entwurfstheorie zurückgespielt werden. Es zeigt sich, dass es *innerhalb* des Entwurfprozesses, des reflexiven Gespräches zwischen kontingenten, »ge-worfenen« Möglichkeiten und der konkreten Situation eine Vielzahl von objektiven Bewertungskriterien gibt, die funktionaler, normativer, teleologischer, ästhetischer oder anderer Art sein können. Durch diese Wertungskriterien werden Möglichkeiten notwendig wirklich – und in diesem Sinne ist Entwerfen ein objektiver Prozess.

Fazit

Das Entwerfen war lange schwer in den klassischen Kategorien Wissenschaft oder Kunst zu verorten. Es befand sich zwischen diesen Kategorien. Wie die Entwicklungen der aktuellen Wissenschaftstheorie zeigen, werden die »alten« Kategorien aber immer brüchiger, und inzwischen ist fast alles »Zwischenzone«. Um mit diesem neuen Zustand klar zu kommen, rücken bei der Wissensproduktion Denk- und Handlungsweisen in den Vordergrund, die die klassische Wissenschaft nie akzeptiert hätte. Helga Nowotny meint: »Die Gesamtheit und Gesamtschau des Wissens haben sich längst in Stückhaftigkeit und partielle Sichtweisen aufgelöst. Nun geht es darum, diese – variabel und differenziert, multiperspektivisch, synchronisiert und desynchronisiert – zu reorganisieren. Nach dem irreversiblen Verlust der Gesamtperspektive – die ja genaugenommen auch immer nur einen Teilausschnitt wiedergab – geht es heute darum, die Konstruktion einer Vielzahl und somit jede mögliche Perspektive verstehen zu lernen.« (Nowotny 1999: 117)

Die erst in den letzten Jahrzehnten entwickelte, eigenständige Metatheorie des Entwerfens zeigt, dass das Entwerfen eine der Arten von Wissensproduktion ist, die der Komplexität der neuen, von Nowotny geschilderten Situation gerecht werden können, da der Umgang mit den Faktoren Unsicherheit, Prozessualität und Spezifizität sozusagen »zum täglichen Brot« gehört. Vor allem die Landschaftsarchitektur mit ihren komplexen Spektren steht vor spannenden Herausforderungen, wie das Beispiel »Fresh Kills« gezeigt hat. Generell aber können alle entwerferischen Professionen innerhalb der Wissenschaften kooperieren. Und die zu Beginn des Abschnittes gestellte Frage darf nun klar beantwortet werden: Das Entwerfen ist nicht mehr nur ein hübscher Exot, sondern eine unentbehrliche Leitpflanze im Blumenbeet der Wissensproduktion.

4. komplexes landschaftsentwerfen

»Ich denke also, daß die Schaffung der Welt vor allem eine Schaffung von Möglichkeiten ist, von denen bestimmte realisiert werden und andere nicht. Und auch darin stimme ich mit Bergson überein, der sagte, daß ›die Wirklichkeit nur ein Sonderfall des Möglichen‹ sei.«
Ilya Prigogine (1999: 44)

In diesem Kapitel geht es um Landschaftsarchitektur. Im zweiten und dritten Kapitel wurden jeweils Metatheorien ihres Gegenstandes »Landschaft« und ihrer Handlungsweise »Entwerfen« entwickelt, die beide eng mit der im ersten Kapitel dargestellten komplexen Denkweise verknüpft sind. Im Verlauf dieses Kapitels soll nun aus der Synthese von »Denkweise«, »Gegenstand« sowie »Handlungsweise« das »komplexe landschaftsentwerfen« (zur Kleinschreibung siehe S. 74/75) als Vorschlag einer umfassenden Metatheorie der Landschaftsarchitektur erläutert werden. Dieser Vorschlag ist damit keine unmittelbar anwendbare Theorie, wie es beispielsweise Theorien zur landschaftsarchitektonischen Raumbildung, Erschließung oder Formenkunde sind; vielmehr geht es um die allgemeine Frage nach den Bedingungen und Möglichkeiten von Landschaftsarchitektur innerhalb der Wissenschaftsfelder. Als Ergebnis entsteht kein *Instruktionswissen*, sondern »nur« *Inspirationswissen*. (vgl. Rorty 2001: 44)

Eine Metatheorie der Landschaftsarchitektur im Sinne des »komplexen landschaftsentwerfens« fragt, was Landschaftsarchitektur sein kann, wenn ihre Denkweise komplex im Sinne des Dreiklangs von Unvorhersagbarkeit, Prozessualität und Relationalität ist, wenn ihr Landschaftsbegriff die »Landschaft Drei« ist und damit Landschaft als dynamisches Gefüge menschgemachter Räume aufgefasst wird, und wenn ihre Handlungsweise des Entwerfens als eine drei wissenschaftliche Weltsichten (teleologisch, kausalanalytisch, evolutionär) integrierende, reflexive Praxis verstanden wird.

Bevor dieser integrative Vorschlag, der eine Positionierung der Landschaftsarchitektur in einem sich gerade erweiternden, neuen Wissenschaftsverständnis (Stichworte »Komplexität«, »Modus 2«, »evolutionäre Weltsicht«) bedeutet, weiter ausgeführt wird, soll der gegenwärtige metatheoretische Stand der Landschaftsarchitektur dargestellt werden. Hier zeigt sich, dass das »komplexe landschaftsentwerfen« auf eine Profession trifft, die durch ein gespaltenes

Selbstverständnis und diffuse Theorieansätze gekennzeichnet ist. Die Landschaftsarchitektur ist metatheoretisch in zwei unterschiedliche Ausrichtungen geteilt: die Landschaftsplanung (in Deutschland manchmal noch als »Landespflege« bezeichnet) und die Landschaftsarchitektur. Diese Trennung in »Planer« und »Entwerfer« wird international als ein Hauptproblem der Profession angesehen. Jörg Dettmar beispielsweise meint dazu: »Es gab ein langes Hin und Her an den Fachhochschulen und Universitäten in Deutschland um die Bezeichnung der Disziplin Landespflege/Landschaftsplanung/Landschaftsarchitektur. Dies hatte natürlich einen Hintergrund. Plakativ ausgedrückt ging es um die Vorherrschaft. Soll die Gestaltung vorne liegen oder die ›Umweltleitplanung‹? Diese Trennung verschärft sich immer weiter und dies ist aus meiner Sicht ein schwerwiegender Fehler.« (Dettmar 1999: 35)

In den Vereinigten Staaten sieht der renommierte Landschaftsarchitekt Peter Walker das gleiche Problem zwischen Entwerfen und Planung: »Meiner Meinung nach befindet sich die Profession in den späten Phasen einer ernsthaften Krise. Die Aufteilung zwischen denen, die gestalten, und denen, die schützen, hat sich von etwas, das ich eigentlich als gelungene Bandbreite verstehe, zu einer Spaltung mit Grundsatzcharakter gewandelt. Dieses widerfuhr der Profession in den 1920er Jahren und die darauffolgende Trennung schwächte sie bis nach dem Zweiten Weltkrieg. Angesichts unserer Anzahl, unserer gesellschaftlichen Aufträge und den rechtlich legitimierten Zwecksetzungen werden wir völlig zu Unrecht als schwache, zweitrangige und zu vernachlässigende Profession angesehen.« (Walker in: Brown 1999)

Als letztes Beispiel sei noch Joe Brown genannt, Geschäftsführer von EDAW, eines der weltweit größten Landschaftsarchitekturbüros, der angesichts fachinterner Debatten wie »Entwerfen versus Planen, Bauen versus Schützen, Technologie versus Kunst, Stadtplanung versus Ressourcenschutz« (Brown 1999) von einem gebrochenen Selbstverständnis spricht. Die Folge ist eine ernsthafte »leadership crisis«, weshalb er fordert: »Wir brauchen die professionelle Einheit, und zwar schnell.« (Brown 1999)

Die zentrale Ursache für die professionelle Trennung wird also in den unterschiedlichen Handlungsweisen »Entwerfen« beziehungsweise »Planen« gesehen. Im Folgenden soll zunächst gezeigt werden, inwieweit diese Trennung in der Landschaftsarchitektur reflektiert wird. Im Anschluss daran wird dargelegt dass diese Spaltung wissenschaftstheoretisch nicht mehr zu rechtfertigen ist und mit dem »komplexen landschaftsentwerfen« eine umfassende Metatheorie der Landschaftsarchitektur möglich ist.

Der aktuelle theoretische Stand der Landschaftsarchitektur (darunter soll im Folgenden das gesamte Berufsfeld einschließlich der Landschaftsplanung verstanden werden, was sowohl dem internationalen Sprachgebrauch als auch der Bezeichnung des Berufsverbandes als »Bund deutscher Landschaftsarchitekten« entspricht) wird

komplexes landschaftsentwerfen

von vielen als schwach kritisiert. Peter Latz meint beispielsweise, dass die Landschaftsarchitekturtheorie gegenüber anderen Kulturfeldern grundsätzlich zurückhängt: »Unsere Profession muss im Hinblick auf ihren gedanklichen und theoretischen Entwicklungsstand bedauerlicherweise immer mit einem Timelag von, freundlich gesprochen, zwei Jahrzehnten gegenüber Kunst und Architektur zurechtkommen.« (Latz in Weilacher 1996: 130)

Die einzigen nennenswerten Vertreter in Deutschland, die die Profession auf einer metatheoretischen Ebene reflektieren, sind im Kreis um den bis vor kurzem im Studiengang »Landschaftsplanung« der TU Berlin lehrenden Geographen Ulrich Eisel und den im Studiengang »Landschaftsarchitektur und Umweltplanung« der TU München lehrenden Biologen Ludwig Trepl versammelt. Jüngere Vertreter dieses Kreises, der im Folgenden als »Eisel-Trepl-Schule« zusammengefasst wird, sind unter anderem Stefan Körner oder Wolfram Höfer mit ihren Eisel und Trepl nahe stehenden Dissertationen. (Körner 2001; Höfer 2001)

Die Texte dieser Schule zeichnet die Herausarbeitung eines Unterschiedes zwischen den Richtungen »Landschaftsplanung« und »Landschaftsarchitektur« aus. Eine paradigmatische Trennung wird festgestellt und den jeweiligen Seiten »Handlungstypen« bzw. »Habitustypen« zugeordnet. (u. a. Eisel 1992, 1997; Trepl 1997; Höfer 2001; Körner 2001)

Körner bezeichnet Landschaftsplanung als »eine erfahrungswissenschaftliche, instrumentelle Vorgehensweise, die von gesellschaftlichen Sinnhorizonten zugunsten einer allgemeinen Vergleichbarkeit von Planungsfällen und der Formulierung gesetzesmäßiger und unabhängig überprüfbarer Aussagen ›abhebt‹. Sie bezieht sich auf naturwissenschaftliche, d. h. ökologische Gesetzmäßigkeiten aber auch auf sozialwissenschaftliche.« (Körner 2001: 445)

Dieser Vorgehensweise wird der »Habitus« der »instrumentellen Vernunft« (Eisel 1992: 712) zugeordnet:

»Er besteht aus:
- bestimmen wollen (das manifestiert sich im grundsätzlichen Anliegen der Verrechtlichung),
- Widersprüche durch Definition ausschalten wollen.« (Eisel 1997: 31)

Dieser erfahrungswissenschaftlich-instrumentellen Vorgehensweise der Landschaftsplanung wird eine hermeneutisch-gestaltende Vorgehensweise der Landschaftsarchitektur gegenübergestellt: »Auf der anderen Seite existiert eine künstlerische, architektonische Vorgehensweise, die beim Entwerfen auf die individuelle Interpretation von Sinnbezügen beim Umgang mit kulturellen Artefakten bezogen ist. Damit wird eine ›verstehende‹, hermeneutische Praxis gewählt, die aber nicht theoretisch reflektiert ist, sondern nur auf die Innerlichkeit und produktive Vorbildlichkeit des einzelnen Gestalters bezogen ist.« (Körner 2001: 446)

Den Habitus dieser Vorgehensweise bezeichnet Eisel als das »Vertrauen in die Einbildungskraft« (Eisel 1992: 712), den er aus seiner Beschreibung der entwerfenden Tätigkeit ableitet: »Eine Problemkonstellation wird – trivialerweise – intuitiv erfaßt und *nicht* als nächstes analysiert, sondern in einem allerersten Entwurf (›Stegreif‹) aufgezeichnet. Ein – letztlich gesellschaftliches – Problem wird durch gestalterische Konstruktion eines *baulichen Objekts zu erkennen* versucht. Das Entwerfen ist ein Klärungsprozeß der Gedanken wie das Analysieren; aber es vollzieht sich ›idiografisch‹. Das Einzelobjekt wird in immer neuen Versuchen dem professionellen Gefühl ausgesetzt, ob ›es‹ ›jetzt gut ist‹. Daten über das Objekt und über die Durchsetzungsmöglichkeiten seiner Realisierung werden immer erst beschafft, wenn beim Entwerfen bemerkt wird, daß der Prozeß stockt. Was noch nicht gezeichnet werden kann, braucht noch nicht vorher gedacht zu werden, aber wenn das Entwerfen nicht voran will, fehlt der ausreichende ›Draht‹ zum Objekt. Dann muß man sich mit ihm *ohne* Entwurf beschäftigen und Theorien konsultieren sowie Daten beschaffen.« (Eisel 1992: 712)

Die Autoren räumen ein, dass das Polarisierungen sind, die in der Praxis nicht immer so klar erscheinen. Körner verdeutlicht beispielsweise, dass das erfahrungswissenschaftliche Paradigma in der Landschaftsplanung nicht in reiner Form durchzuhalten ist, weil beim notwendigen Bewerten von Fällen gesellschaftliche Werte immer mit einfließen (Körner 2001: 445) – allerdings stellt er fest, dass dieser intuitive Anteil des Bewertens von den Landschaftsplanern nur verdeckt praktiziert wird. (Körner 2001: 433)

Auch die Landschaftsarchitektur ist nach Eisel nicht vollkommen intuitiv, sondern hat objektives Potential: Der Entwurf »animiert zur Spekulation und Ausweitung der Subsumptionsmöglichkeiten von Ereignissen unter Gesetze« (Eisel 1997: 25) – allerdings sieht Eisel in der Landschaftsarchitektur einen »absurden Praxisfetischismus«, der sich diesem »systematischen Spekulieren« (beides ebd.) nicht stellen mag.

Statt nun diese Schwierigkeiten mit den »reinen« Formen von Erfahrungswissenschaft bzw. Künstlertum zum eigentlichen Thema zu machen und »unreine«, integrative Theorien zu entwickeln, bleibt die Eisel-Trepl-Schule in diesen beiden für die Moderne konstitutiven Kategorisierungen verhaftet – die paradigmatische Trennung zwischen Landschaftsplanung und Landschaftsarchitektur wird beibehalten (vgl. Eisel 1992, 1997; Trepl 1997; Körner 2001). Deswegen bleibt ihr auch nur die Forderung nach der »Etablierung einer Kultur der Differenz und der Reflexion der Notwendigkeit dieser Differenz« (Körner 2001: 447), um trotz dieser Trennung eine Einheit der Profession zu gewährleisten und gegenseitigen Respekt zu ermöglichen.

Meiner Meinung nach ist jedoch sowohl diese metatheoretische Trennung als auch die sich daraus ergebende Forderung nach einer dualistischen Kultur der Differenz falsch, denn die aktuellen

komplexes landschaftsentwerfen

Entwicklungen in Planungs- und Entwurfstheorie widerlegen die von der Eisel-Trepl-Schule entwickelten Pole und deuten auf ein metatheoretisch einheitlicheres Gebilde hin.

Für das Entwerfen wurde schon im dritten Kapitel gezeigt, dass es sich dabei um weitaus mehr als die von der Eisel-Trepl-Schule vorgeschlagene hermeneutische Praxis handelt: Es integriert erstens analytische Elemente (Poser weist im Übrigen darauf hin, dass die analytische und die hermeneutische Methode ergänzend-zueinander stehen und eine rein hermeneutische Vorgehensweise erkenntnistheoretisch prinzipiell zu kurz greift (Poser 2001: 234)), und ist zweitens auf zukünftige Ziele ausgerichtet. Das in die Zukunft gerichtete »Aus-werfen« neuer Hypothesen kann eine hermeneutische Praxis nicht »fassen«, denn ihr Modus des »Verstehens« kann sich nur auf schon Vorhandenes ausrichten. Hermeneutik kann daher mit Buchanan als eine für das Entwerfen zu kurz greifende »paleoterische Art des Erkennens« (zurückschauend, mit Wissen arbeitend) bezeichnet werden, im Gegensatz zur »neoterischen Art des Erkennens« (vorwärtsschauend, mit Entwerfen arbeitend), das Buchanan als charakteristisch für das Entwerfen ansieht (Buchanan 1998 zit. n. Jonas 1999; auch im englischen Original werden »paleoteric« und »neoteric« als Neologismen eingeführt). Der Unterschied zwischen diesen beiden Arten wird folgendermaßen formuliert: »Paleoterisches Denken basiert auf der Identifizierung abgrenzbarer Gegenstände, so wie wir es heute überall an Universitäten vorfinden. Ziel ist es (…), das Wissen über jeden dieser einzelnen Gegenstände möglichst weit auszudehnen und immer weiter ins Detail zu gehen. Im Gegensatz dazu basiert neoterisches Denken auf neuen Problemen, die sowohl im praktischen Leben als auch in anspruchsvoller theoretischer Reflektion entdeckt werden.« (ebd.)

Neben dieser unzureichenden Zuordnung zur Hermeneutik bewertet die Eisel-Trepl-Schule die künstlerischen und intuitiven Elemente des Entwerfens zu isoliert. Zur Erinnerung noch einmal Eisels Charakterisierung der entwerferischen Handlungsweise: »Das Einzelobjekt wird in immer neuen Versuchen dem professionellen Gefühl ausgesetzt, ob ›es‹ ›jetzt gut ist‹. *Daten über das Objekt und über die Durchsetzungsmöglichkeiten seiner Realisierung werden immer erst beschafft, wenn beim Entwerfen bemerkt wird, daß der Prozeß stockt.* Was noch nicht gezeichnet werden kann, braucht noch nicht vorher gedacht zu werden, aber wenn das Entwerfen nicht voran will, fehlt der ausreichende ›Draht‹ zum Objekt. Dann muß man sich mit ihm *ohne* Entwurf beschäftigen und Theorien konsultieren sowie Daten beschaffen.« (Eisel 1992: 712; kursiv M. P.) Mit Schön kann dem entgegengehalten werden, dass die Intuition nur durch kontinuierliche Rücksprache mit funktionalen, ökologischen oder anderen Daten überhaupt voranschreiten kann – das Entwerfen braucht Daten notwendig und nicht erst im Notfall (vgl. Kapitel 3.).

Die aktuelle Entwurfstheorie zeigt damit, dass im Entwerfen Intuition und Analyse untrennbar miteinander verwoben sind und damit eine einseitige Zuordnung zum intuitiven Pol unzulässig ist.

Wie steht es nun mit der von der Eisel-Trepl-Schule als erfahrungswissenschaftlich-instrumentelle Vorgehensweise gedeuteten Planung?

Bis vor einiger Zeit hat diese Vorstellung meiner Meinung nach durchaus dem Selbstverständnis der Planer entsprochen, aber spätestens seit den 1990er Jahren wird von einem tiefgreifenden Wandel des Planungsverständnisses gesprochen (u. a. Keller et al. 1996; Fürst/Müller 2000; Keim et al. 2003). Angestoßen wird dieser Wandel vor allem durch die Kritik an der hierarchischen Steuerungstendenz klassischer, durch »objektive« Methoden abgesicherter Planung. Für die Landschaftsplanung fasst Hübler folgende Kritikpunkte zusammen:

»– Landschaftsplanungen zeichnen sich vielfach durch Legitimationsdefizite aus: Es fällt nach wie vor schwer, Betroffene und/ oder Beteiligte von den Vorzügen von Landschaftsplänen zu überzeugen (…).
– Landschaftsplanungen sind oft dadurch gekennzeichnet, daß sie weder langfristig strategisch ausgerichtet sind (…) noch Aspekte einer Steuerung der Landschaftsnutzung im Sinne des Entwikkelns (§1 BnatSchG) für mittel- bis langfristige Horizonte umfassen.
– Landschaftsplanungen sind im Regelfall durch Managementdefizite gekennzeichnet: Überbetonung der hoheitlichen Planung zuungunsten der Interessenwahrnehmung von Betroffenen.
– Landschaftsplanungen klammern im Regelfall alle ökonomischen und vielfach fast alle sozialen Sachverhalte aus: Wer die Kosten für die Realisierung von Landschaftsplanungen aus welchen Gründen aufzubringen hat, bleibt ebenso unbeantwortet wie die Folgewirkungen, die sich auf die Grundstückseigentümer ergeben können.« (Hübler 1998: 27)

Unter den vielfältigen neueren Themen in der Planungstheorie, die diese – im Übrigen für andere Planungsbereiche ähnliche – Kritik überwinden möchten, sollen zwei der wichtigsten herausgegriffen werden: Projekte und Kommunikation.

Projekte

»Projektorientierung« ist eines der Schlüsselworte der planungstheoretischen Diskussionen der 1990er Jahre. Dass es hier zeitweilig sogar zur »Verabsolutierung« dieser Planungsphilosophie kam und »Projekte gegen Pläne« gefordert wurde (Selle 2000: 49), hat mit dem Erfolg großer projektorientierter Vorhaben wie der Trans-

komplexes landschaftsentwerfen

formation des nördlichen Ruhrgebietes durch die »Internationale Bauausstellung (IBA) Emscher Park«, aber auch kleinerer Vorhaben wie der Umgestaltung der öffentlichen Räume in Lyon zu tun. Die IBA Emscher Park beispielsweise ist durch folgenden Planungsansatz gekennzeichnet: »Die IBA ist dezentral in einer Vielzahl kleiner, eigenständiger Projekte organisiert, sie ist eine pointillistische Strategie, bei der sich aus vielen punktuellen Interventionen allmählich das Bild einer erneuerten Region ergibt. Wie dieses Bild beschaffen sein soll, darüber gibt es keine feste Vorstellungen. Die IBA organisiert einen Erneuerungsprozess, dessen Ausgang offen ist.« (Mayer/Siebel 1998: 6) Zusammenfassend für projektorientierte Planung nennen Mayer und Siebel u. a. folgende Kennzeichen:

»— Planung zieht sich auf punktuelle Interventionen zusammen, ihre Eingriffe sind räumlich, inhaltlich und zeitlich begrenzt, der Anspruch auf flächendeckende, umfassende und langfristige Regulierung wird aufgegeben.
— Planung verfährt zunehmend informell, weniger formell.
— Kooperation tritt anstelle der Hierarchie, Konsens anstelle des Befehls.
— Bilder und Symbole spielen eine wichtige Rolle.« (Mayer/Siebel 1998: 4; Reihenfolge verändert)

In der Konsequenz dieses Ansatzes finden die formalen, wissenschaftlichen Methoden der flächenhaften Steuerung immer weniger Anwendung. Planung wird einerseits kontextuell und damit idiographisch – eine Eigenschaft, die Eisel dem Entwerfen zugeordnet hatte (s. o.), andererseits informell und ergebnisoffen – Eigenschaften, vor denen der planerische Habitustyp der Eisel-Trepl-Schule, der »die subsumtive, objektive Einheit einer Bestimmung« (Eisel 1997: 32) sucht, geradezu erschrecken muss.

Kommunikation

Seit mindestens zehn Jahren ist klar, dass die klassischen Top-Down-Ansätze der Landschaftsplanung durch fehlende bzw. restriktive Einbeziehung von Bürgern Widerstände produzieren, die dazu führen, dass Planungen trotz wissenschaftlicher Fundierung nicht realisiert werden. Seitdem der »communicative turn of planning« ausgerufen wurde (Healey 1992), setzen sich in Planungsprozessen immer mehr neue Kommunikationsformen wie interaktive Medien, Moderation, Zukunftswerkstätten etc. durch. (Luz/Weiland 2001: 72f.) Das hat Folgen für die Landschaftsplaner: »Waren sie früher uneingeschränkte Autorität bezüglich Fachfragen, so müssen sie sich heute, vor allem in kooperativen Verfahren, immer häufiger mit den Nutzer(innen) der Landschaft auseinandersetzen.« (ebd.: 74)

Die Landschaftplaner befinden sich damit mitten im Reich der Werte, wo sie vermitteln müssen. Die subjektiven Anteile der Planung, die in den Top-Down-Ansätzen der instrumentellen Landschaftsplanung noch verdeckt werden konnten, sind nun exponiert. Im Sinne der o. g. Metapher Donald Schöns verlassen die Landschaftplaner zunehmend die Hochebene der »technischen Rationalität« ihrer Methoden und steigen hinab in den Sumpf konkreter, spezifischer Probleme. Von Landschaftsplanung als einer instrumentellen Vorgehensweise, »die von gesellschaftlichen Sinnhorizonten zugunsten einer allgemeinen Vergleichbarkeit von Planungsfällen und der Formulierung gesetzesmäßiger und unabhängig überprüfbarer Aussagen ›abhebt‹« (Körner, s. o.), kann daher heute nicht mehr gesprochen werden.

Keim et al. konstatieren inzwischen angesichts dieser neuen planungstheoretischen Aspekte und auf Basis weiterer empirischer Untersuchungen sogar eine schon vollzogene Transformation der Planungskultur. (Keim et al. 2003) Für diese neue Planungskultur nennen die Autoren Stichworte wie »Planung wird zum Suchprozess«, ihre erwartbaren Resultate sind »ungenau«, sie tummelt sich im »diffusen Interessengeflecht«, sie ist »prozessual, offen und kontextabhängig« oder die Reduktion ihres Anspruches auf »punktuelle Interventionen«. (alles ebd.) Angesichts dieser Charakterisierung darf behauptet werden, dass Planung sowohl die komplexe Denkweise im Sinne des Dreiklanges aus Unvorhersagbarkeit, Prozessualität und Relationalität angenommen hat und, damit verbunden, in der Modus 2-Wissensproduktion angekommen ist, indem sie Kontextualität, Transdisziplinarität und Anwendungsorientierung in den Vordergrund stellt (vgl. Kapitel 1).

Es zeigt sich, dass der von der Eisel-Trepl-Schule für die Planer definierte Habitustyp der instrumentellen Vernunft – der erfahrungswissenschaftlich orientierte Landschaftsplaner – der neuen Planungskultur nicht mehr gerecht werden kann. Der Erfahrungswissenschaftler kann sich möglicherweise noch als Spezialist für die Erhebung ökologischer Daten betätigen oder sich den geografischen Informationssystemen zuwenden – mit Landschaftsplanung hat dieser Typus des Datenlieferanten schon jetzt nicht mehr viel zu tun.

Als Konsequenz dieser Diskussion zeigt sich, dass von den Polen Entwerfen-Planung bzw. Landschaftsarchitektur-Landschaftsplanung metatheoretisch keine Rede mehr sein kann. Diese Differenz, die nur auf Basis eines klassisch modernen Verständnisses von Wissenschaft und Kunst aufrecht zu erhalten ist, löst sich angesichts der Zuordnung von Entwerfen und Planung zur Modus 2-Wissensproduktion bzw. zur komplexen Denkweise auf. Entwerfen und Planung haben die Pole verlassen und befinden sich nun in einer breiten Zone rund um den Äquator. Angesichts der aufgezeigten, metatheoretisch nun fast vollkommenen Übereinstimmung zwischen diesen beiden Handlungsweisen spricht vie-

komplexes landschaftsentwerfen

les dafür, auf einen der beiden Begriffe zu verzichten. Der verbleibende Begriff sollte aus folgenden Gründen das Entwerfen sein: Im dritten Kapitel wurde gezeigt, dass die komplexe Denkweise mit den Aspekten Unvorhersagbarkeit, Prozessualität und Relationalität schon immer die Mitte des Entwerfens bildete, weshalb es lange Zeit schwierig in das klassische Wissenschaftsgebäude einzuordnen war. Im erweiterten Wissenschaftsverständnis des Modus 2 herrscht nun aber eine überzeugende Kongruenz zwischen Denkweise und Handlungsweise. Für den Begriff »Planung« dagegen stellen Debes/Körner/Trepl meiner Meinung nach zu Recht fest, dass er traditionell mit Begriffen wie analysierend, rational und objektiv belegt ist. (Debes/Körner/Trepl 2001: 218) Es darf daher sogar behauptet werden, dass sich die klassische Planung möglichst nahe an die kausalanalytischen Modus 1 – Wissenschaften anlagern wollte.

Daher bedarf es beim Begriff »Planung« einer größeren Bewusstseinsanstrengung, um die alte Einseitigkeit auszublenden und im Sinne der komplexen Denkweise zu denken – für das Entwerfen ist das nicht nötig. Aus diesem Grund werden im Folgenden nur noch die Begriffe »Entwerfen« bzw. »Landschaftsarchitektur« verwendet, die die Inhalte des neuen Verständnisses von »Planung« bzw. »Landschaftsplanung« integrieren.

In der vorangegangenen Analyse und Diskussion der bisherigen Landschaftsarchitekturtheorie wurden die vermeintlichen Antagonisten »Landschaftsplanung« und »Landschaftsarchitektur« in einer gemeinsamen Zone zusammengeführt. In dieser Arbeit wird dieser neuen Zone der Landschaftsarchitektur die Metatheorie des »komplexen landschaftsentwerfens« zugeordnet.

Es wurde schon dargestellt, dass diese Zone charakterisiert ist durch die komplexe *Denkweise* im Sinne des Dreiklangs sowie die *Handlungsweise* des Entwerfens im Sinne der reflexiven Praxis als Synthese aus Intuition und Analyse. Hinzu kommt als *Gegenstand* die »Landschaft Drei«: Ihr Verständnis ist, wie in Kapitel 2 gezeigt wurde, weitaus vielschichtiger als das der »Landschaft Zwei«, von dem sowohl die klassische Landschaftsplanung als auch die Landschaftsarchitektur geprägt waren (und teilweise noch sind, vgl. die o. g. aktuelle Aussage des BDLA, dass die Landschaftsarchitekten das Pendant zur gebauten Umwelt gestalten).

In dieser neuen Zone haben die bisherigen professionellen Tätigkeiten selbstverständlich Platz, aber sie ist viel geräumiger geworden als die ehemaligen Standorte auf den beiden Polen – es entsteht sogar Platz für ein erweitertes Möglichkeitsspektrum für die Landschaftsarchitektur.

An dieser Stelle soll hinzugefügt werden, dass im Folgenden »komplexes landschaftsentwerfen« auf »landschaftsentwerfen« verkürzt wird, da inzwischen mehrfach deutlich geworden ist, dass die in dieser Arbeit verwendete Vorstellung von »entwerfen« ohne komplexe Denkweise gar nicht möglich ist. In dem Bewusstsein, dass Entwerfen *notwendig* Unvorhersagbarkeit, Prozessualität und Relationalität integriert, stellt »landschaftsentwerfen« keine inhaltliche Verkürzung dar – dieses Bewusstsein soll von nun ab vorausgesetzt werden.

Eine der meiner Meinung nach spannendsten neuen Möglichkeiten im erweiterten Spektrum des »landschaftsentwerfens« ist die Kombination des Ortes »Land«, der bislang vorwiegend von einer instrumentellen Landschaftsplanung mit einem Verständnis der »Landschaft Zwei« bearbeitet wurde, mit der Handlungsweise des Entwerfens sowie dem Verständnis der »Landschaft Drei«.

Auf dieses Themenfeld konzentrieren sich die folgenden vier Beispiele, die zeigen, was »landschaftsentwerfen« bedeuten kann. Die Projekte stellen eine Landschaftsarchitektur vor, die als kollaborative Praxis ökologische, ökonomische und soziale Aspekte integriert, die auf dem Land zeitgenössische Landschaften jenseits pastoraler Zwänge entwirft, die Stadt und Land zum Vorteil beider miteinander verschränkt, und die eine kreative Synthese der vielschichtigen Ebenen der menschgemachten Räume anstrebt.

Xochimilco Ecological Park (Grupo de diseño urbano/Mario Schjetnan)

IV-1: Gondeln fahren die Besucher des Parks durch die Seen und Kanäle

Xochimilco ist eine Landschaft künstlicher Inseln in einem großen See des Mexico-Tals nahe Mexico City. Die Entstehung dieser landwirtschaftlich genutzten Inseln, der »chinampas«, kann bis ins 10. Jahrhundert zurückverfolgt werden. Sie bestehen aus Erde, die auf Schilfmatten geschichtet wurde, welche wiederum an Weidenstämmen befestigt waren.

Im Laufe des vergangenen Jahrhunderts geriet die Insellandschaft in Gefahr: Durch Abpumpen von Grundwasser aus tiefer liegenden Gesteinsschichten begannen die Inseln zu sinken, gleichzeitig gab es Erosionsschäden durch häufige Überflutungen, deren Ursache die durch Verstädterung zunehmende Oberflächenversiegelung und damit erhöhter Regenwassereintrag war. Weiterhin gelangte viel Schmutzwasser in die Kanäle zwischen den Inseln, was den Pflanzenwuchs so förderte, dass diese langsam zuwucherten. Ökologische Probleme und der Verlust ökonomisch wichtiger Landwirtschaftsflächen gingen somit Hand in Hand.

1987 wurde diese gefährdete Landschaft aus Kanälen und Inseln ins UNESCO-Welterbe aufgenommen. Ab diesem Zeitpunkt begann der Landschaftsarchitekt Mario Schjetnan mit einem transdisziplinären Team aus Historikern, Biologen, Ingenieuren und Bürgergruppen diese 3000 Hektar große Landschaft zu gestalten, in die auch ein 300 Hektar großer Park integriert wurde.

IV-2: Der Blumenmarkt innerhalb des Parks

Die Arbeit begann mit wasserbautechnischen Maßnahmen: Wasser wurde wieder in die Gesteinsschichten zurückgepumpt,

komplexes landschaftsentwerfen

IV-3: »Wasserturm«

IV-4: Der Eingangsplatz mit dem 54 Hektar großen Speichersee, der das Kanalsystem mit klarem Wasser versorgt

IV-5: Aquädukte leiten gereinigtes Wasser in den Speichersee

um ein weiteres Absinken der Inseln zu verhindern, gleichzeitig wurden große Regenrückhaltebecken gebaut, um bei Starkregenereignissen Überflutungen zu verhindern. Erodierte Inseln wurden wiederhergestellt und insgesamt eine Million Bäume gepflanzt. Zur Schmutzwasserreinigung wurden zwei Klärwerke gebaut, von denen das gereinigte Wasser in einen 54 Hektar großen See geleitet wird, mit dessen Wasser Pegelschwankungen in den Kanälen ausgeglichen werden können. Diese wurden von wuchernden Pflanzen befreit, und heute fahren wieder Unmengen von Booten auf den Kanälen, sowohl von Bauern als auch von Ausflüglern.

Der 300 Hektar große Park enthält verschiedene Zonen wie Feuchtgebiete, Sport- und Erholungsflächen oder Bereiche für kulturelle Nutzungen.

Am Eingangsplatz empfangen große Aquädukte, die gereinigtes Wasser in den Speichersee leiten, die Besucher und weisen auf die wasserbautechnischen Besonderheiten dieser Landschaft hin. Das Besucherzentrum hält Informationen zur regionalen Ökologie, Archäologie und Landwirtschaft bereit und bietet mit einer großen Aussichtsterrasse einen Ausblick auf die umliegende Landschaft aus Inseln und Kanälen. Neben Musterflächen zur Landwirtschaft auf den Inseln wurde im Park der größte Blumenmarkt von Mexico City errichtet. Hier stehen 1800 Stände mit einer Grundfläche von 8 x 4 Metern, die alle vermietet sind.

John Beardsley fasst diesen Erfolg von »landschaftsentwerfen« folgendermaßen zusammen: »Zusammenfassend kann der Park als Mikrokosmos der regionalen Landschaft verstanden werden, der ihre ökologischen, historischen, landwirtschaftlichen und touristischen Qualitäten herausstellt. Entwurf und Konstruktion des ›Xochimilco Ecological Parks‹ erforderte die umfassende Zusammenarbeit von Entwerfern, Historikern, Biologen, Ingenieuren und Bürgergruppen. Dank ihres kollektiven Einsatzes wurde eine degradierte Landschaft in ein Modell der sozialen Erneuerung und Erholung der Umwelt verwandelt. Xochimilco ist mehr als nur ein Park zum Anschauen, er ist eine aktive, ›arbeitende‹ Landschaft.« (Beardsley 2002: 63)

Studienprojekt »Texas« (TU Berlin)

Kürzlich verkündete Karl Ganser die »Epoche der Landschaft« (Ganser 2001: 35): Agrarwende, Wasserwende, Industriewende – alles anstehende Reformen, die eng mit dem Thema »Landschaft« verknüpft sind. Der ehemalige Direktor der »IBA Emscher Park« forderte die Landschaftsarchitekten auf, für diese Reformen neue, mutige Bilder zu entwerfen – nur die suggestive Kraft begehrenswerter Bilder könne die »metarationalen Entscheidungsgründe« wachrütteln, die eine Wende möglich machen: »Die Agrarwende

komplexes landschaftsentwerfen

braucht ein eindrucksvolles Landschaftsbild weitaus dringender als ein Logo für das Öko-Siegel.« (Ganser 2001: 36)

Diese eindrucksvollen Landschaftsbilder können für die Agrarlandschaft nicht die pastoralen Bilder der vorindustriellen Kulturlandschaft sein – dass diese rückwärts gewandten Vorstellungen aber trotz breiter, interner Kritik immer noch in der Landschaftsplanung (dem Teil der Profession, der aktuell meist die Agrarlandschaft bearbeitet) vorherrschen, wurde schon im zweiten Kapitel ausführlich gezeigt.

Neue Bilder und Konzepte für das »Land«, die Agrarlandschaft, sind insofern dringend notwendig, weil im Rahmen der Neuordnung der landwirtschaftlichen Förderung der EU ab 2006 voraussichtlich viele Ackerflächen mit geringer Bodenwertzahl nicht mehr rentabel zu bewirtschaften sein werden. Ähnlich den gegenwärtigen Schrumpfungsprozessen in den Städten steht auch das Land vor der nie dagewesenen Herausforderung des »Zuviel an Raum«. Durch Subventionskürzungen werden viele ehemals landwirtschaftlich genutzte Flächen brachfallen und sich mit der Zeit in Sukzessionswälder verwandeln. Die Vorstellung einer derartigen Verwilderung, vor allem in großflächigem Ausmaß, bedeutet den Verlust einer vielfältigen Kulturlandschaft und damit auch regionaler Identität. Diese Konsequenz ist für viele inakzeptabel und als Alternativen werden Ökolandbau oder Grünlandextensivierung vorgeschlagen, um die vielfältige, pastorale Kulturlandschaft zu erhalten. Aber auch diese Landnutzungen sind in hohem Maße von Subventionen abhängig und werden deshalb nur auf einem geringen Teil der Flächen mit geringen Bodenwertzahlen zu verwirklichen sein. Welche Alternativen gibt es zu einem derartigen »subventionierten Pastoralismus« oder der weitläufigen Sukzessionswildnis, dem »weißen Rauschen« in der Landschaft? Wie kann ein gewisses Maß an Vielfalt in den »dünnen« Landschaften erhalten bleiben? Hier ist das »landschaftsentwerfen« gefragt, das Landschaft als dynamisches Gefüge menschgemachter Räume versteht und mit der kreativen Handlungsweise des Entwerfens Möglichkeiten jenseits festgefahrener Bilder entwickeln kann.

Im Rahmen des Hauptstudienprojektes »Texas« im Studiengang »Landschaftsplanung« der TU Berlin (2002; Konzeption und Durchführung: M. P.) wurden die Möglichkeiten einer vorgegebenen Alternative zur landwirtschaftlichen Nutzung untersucht. Die Hypothese lautete, dass es eine kleine Gruppe von Menschen gibt, die Interesse an großen Grundstücken jenseits aller Hofklischees haben. Für diese Kunden sollte ein sehr großes Gelände zu privaten Parzellen mit einer Mindestgröße von einem Hektar entwickelt werden. Die zentrale Frage war: Wie kann durch Privatisierung und Wohnnutzung von »Land« eine attraktive und nachhaltige Landschaft entstehen?

Das Bearbeitungsgebiet liegt 40 km westlich von Berlin bei Groß Kreutz und hat eine Größe von ca. 20 Quadratkilometern. Die

Böden sind meist sehr sandig und haben Bodenwertzahlen von unter 30, werden aber derzeit noch zum großen Teil landwirtschaftlich genutzt – nur einige wenige Waldstücke und Brachland sind eingestreut. Die infrastrukturellen Voraussetzungen sind hervorragend, das Gebiet liegt günstig zu den Autobahnen A2/ A10 und besitzt mit dem unmittelbar angrenzenden Bahnhof Groß Kreutz eine stündliche Zugverbindung zum Berliner Bahnhof Zoo in 38 Minuten. Die Freizeitmöglichkeiten sind mit der nahe gelegenen Havel sowie einem Golf- und Poloklub ausgezeichnet.

Ein aktueller Landschaftsplan (Amt Groß Kreutz 1999) lieferte den Studierenden alle notwendigen Daten zu Biotopen, Wasserhaushalt, Boden und Klima. Neben diesen analytischen Daten enthielt das Planwerk auch ein Entwicklungskonzept, das für das Bearbeitungsgebiet von einer Fortführung der Landwirtschaft ausgeht. Ohne auf aktuelle Situation oder die kommenden Veränderungen in der Landwirtschaftspolitik einzugehen, ist es gefüllt mit den landschaftsplanerischen Standardvorschlägen, z. B. die momentan ausgeräumte Landschaft durch neue Hecken und Gehölzreihen, Säume und Feldgehölze zu gliedern, die Dorfränder einzugrünen oder Dauergrünland anzulegen – banaler, subventionsbedürftiger Pastoralismus.

Die Aufgabe der Studierenden war zweigeteilt: In der ersten Hälfte des Semesters wurde in Gruppenarbeit ein Landschaftskonzept für das gesamte Gebiet im Maßstab 1:10.000 entwickelt, in der zweiten Hälfte entwarf jeder Teilnehmer zuerst das Profil der Besitzer einer ausgewählten Parzelle mit ihren spezifischen Ansprüchen und anschließend den jeweiligen Landsitz.

Die Ergebnisse des Landschaftskonzeptes zeigen zwei verschiedene Ansätze: Einerseits die Parzellierung des gesamten Bearbeitungsgebietes in Privatgrundstücke, wobei die Parzellenbesitzer bestimmte, vorgegebene Gestaltungsregeln für ihre Grundstücke akzeptieren müssen. Andererseits die Unterteilung in private Parzellen und öffentliche Flächen, die konzeptionell aufeinander bezogen sind und die Bereitschaft der Grundstücksbesitzer voraussetzen, für die Qualität der öffentlichen Flächen auch finanziell zu sorgen.

Zunächst werden drei Beispiele der Landschaftskonzepte vorgestellt, anschließend zwei Gartenentwürfe.

»Garten & Landschaft«

(Sebastian Exner, Daniel Stimberg, Laura Vahl)
Ziel dieser Gruppe war es, für jedes Grundstück eine Vielzahl verschiedener Landschaftselemente anzubieten. Im ersten Schritt wurde das gesamte Gebiet in Streifen unterteilt, die sich an den Richtungen bestehender Landschaftselemente orientieren (Gräben, Alleen, Straßen, Flurgrenzen, ...). Die Streifen selbst bestehen

komplexes landschaftsentwerfen

IV-6: Grundriss »Garten & Landschaft«

IV-7: Konzept als Summe aus Landschaftselementen + streifenförmiger Anordnung der Landschaftselemente + senkrecht zu ihnen versetzten Parzellen (Freiheitsstreifen weiß gescheckt)

IV-8: Perspektivskizzen

sowohl aus vorhandenen Landschaftselementen (Laubwald, Nadelwald, Streuobstwiesen, Grünland, Baumreihen, Feuchtwiesen, Gräben) als auch aus neu hinzukommenden Elementen (Birkenhain, Steinfelder, Sukzessionsflächen). Dieses sind die »passiven« Streifen, die in ihren charakteristischen Merkmalen nicht verändert werden dürfen – ein Birkenwald beispielsweise kann geringfügig variieren, muss aber immer als Birkenwald erkennbar bleiben. Hinzu kommen als entscheidende Ergänzung die »aktiven« Streifen als »Freiheitslayer«, die völlig frei nach dem Willen der Kunden gestaltet werden können. Die Grundstücke selbst werden senkrecht zu den Streifen der Landschaftselemente als handtuchförmige Parzellen angeordnet. Auf diese Weise überschneiden die Grundstücke zwischen vier und neun verschiedene Landschaftselemente bzw. zwischen ein und drei »Freiheitsstreifen« und erhalten eine hohe Diversität.

Es entsteht eine mosaikartige, variationsreiche Landschaft mit einer Vielzahl von Übergängen und Randstrukturen. Neue Blickbeziehungen und Räume werden inszeniert, es entsteht ein fragmentarisches Ganzes, das in starkem Kontrast zur angrenzenden, ausgeräumten Landschaft steht.

»Bandstadt«

(Romain Allimant, Carsten Iwan, Maria Pfeiffer)

Dieser Entwurf nutzt eine Mischung aus privaten und gemeinschaftlichen Räumen, um die Landschaft zu qualifizieren. Mit Hilfe von Initialpflanzungen und anschließender Sukzession wird in den Randbereichen des Gebietes eine meist dichte Bewaldung geschaffen. Das Zentrum wird offen gelassen, je nach Grundwasserstand als Feucht- oder Trockenwiese. Im Übergangsbereich zwischen geschlossenen und offenen Landschaftselementen werden die Grundstücke platziert. Es gibt zwei Grundstückstypen, die sich an den topographischen Bedingungen orientieren: Im westlichen, hügeligen Bereich sind die Häuser an die Waldkante gerückt und orientieren sich zur tiefergelegenen, freien Talmulde. Im östlichen, flachen Teil ist der Sukzessionswald »geschlitzt«. In diesen Öffnungen stehen die Häuser, die weite Ausblicke auf die zentrale Feuchtwiese bzw. in die rückwärtige Weidelandschaft gewähren. Da der Charakter der zentralen, freien Flächen entscheidend für die Qualität der Grundstücke ist, wird die Mahd dieser Wiesen aus einem »Pflegefond« finanziert, in den jeder Grundstücksbesitzer einzahlen muss.

IV-9: Grundriss »Bandstadt«

IV-10: Details der Grundstücke im westlichen (links) bzw. östlichen Bereich (rechts)

»Landsitzmeile«

(Katrin Knoth, Malin Krause, Chloé Sanson)
Diese Gruppe definierte drei Landschaftstypen im Bearbeitungsgebiet: Ebene, Feuchtgebiet und Hügel. Für jeden dieser Landschaftstypen entwickelten sie einen spezifischen Haustyp, der die komplett parzellierten Flächen bestimmt: die Camouflagehäuser in den Hügeln, die Inselhäuser im Feuchtgebiet und »lineare« Häuser in der Ebene. Die drei Gebiete werden durch die »Landsitzmeile« erschlossen, deren Verlauf sich dem Charakter des jeweiligen Landschaftstyps anpasst.

IV-11: Grundriss »Landsitzmeile«

Anhand von zwei Gartenentwürfen soll abschließend gezeigt werden, welche Qualitäten die Landschaftskonzepte mit ihren Vorgaben auf den konkreten Grundstücken ermöglichen.

»Garten für einen Modezar«

(Daniel Stimberg; im Landschaftskonzept »Garten & Landschaft«)
Luis ist ein bekannter Modedesigner mit großem Hang zur Selbstinszenierung und dementsprechenden Festen. Seine Mode ist am ehesten mit den Traumwelten der Surrealisten vergleichbar, er liebt es, zu irritieren, verwirren und zu verzerren. Dieses Spiel der Verunsicherung mit den Mitteln der Deformation und Verzerrung möchte er, für sich und vor allem seine Gäste, auch in seinem Garten inszenieren.

Ein Gast, der zu seiner Party kommt, wird auf dem ersten »Freiheitsstreifen« von einer Vielzahl tentakelartiger Wege empfangen, die ihn ins Haus ziehen. Von dort geht es in eine labyrinthische Welt. Der Partygänger setzt über den Kanal und erreicht über einen Schilfvorhang und Langgraswiesen den zweiten »Freiheitsstreifen«, einen Irrgarten. Er besteht aus einem verzerr-

IV-12: Eingangsbereich (rechts), Birkenhain (links)

IV-13: Steinfeld (rechts), Sukzessionswald (Mitte), Surrealer Garten (links)

ten Raster gekippter Flächen, die zusammen mit Pflanzungen Sichten versperren. Weiche, harte und glatte Bodenbeläge wechseln sich ab, verunsichern.

Anschließend durchschreitet er das einer Mondlandschaft gleiche Steinfeld und gelangt in den Birkenhain. Hier sind Stämme so dicht gesetzt, dass nur wenige Wege das Durchqueren ermöglichen. Hat der Gast über Stege – nicht jeder führt weiter – den folgenden Sukzessionswald durchschritten, erwartet ihn auf dem dritten »Freiheitsstreifen« ein Finale voller Künstlichkeit: Heckenskulpturen, der »fliegende Tropfen«, bunte Pavillons und Plastikinseln – Luis' traumhafte Belohnung nach so vielen Verwirrungen.

»Zoé's Garten«

(Chloé Sanson; im Landschaftskonzept »Landsitzmeile«)
Marcus, ein junger, erfolgreicher Konzernchef mit Liebe zum Land schenkt seiner Frau Zoé einen Landsitz bei Groß Kreutz zum Geburtstag. Zoé liebt die Stadt und die Künstlichkeit – aber aus Liebe zu Marcus nimmt sie das Geschenk an.

Wenn Zoé und Marcus aus der Stadt zu ihrem Landsitz im Feuchtgebiet fahren, kommen sie mit ihrem Auto über eine Rampe im ersten Stock des Hauses an. Langsam kann sich Zoé der Natur nähern und zu ihr hinabsteigen. Alle Gartenbestandteile sind rechtwinklig, sie geben ihr Sicherheit. Eine Wand schirmt das große Gartendeck vom Feuchtgebiet ab. Nur wenn sie mag, geht Zoé durch die kleine Tür in der Wand auf den schmalen Steg, raus ins Wilde.

IV-14: Ansicht des Gartens von der »Ankunftsterrasse«

komplexes landschaftsentwerfen

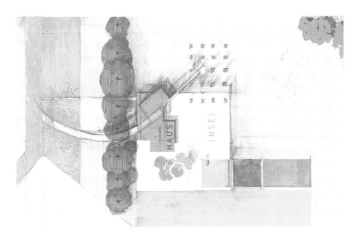

IV-15: Grundriss »Zoé's Garten«

Beide Gärten zeigen, dass die jeweiligen Vorgaben der Landschaftskonzepte, die die übergeordnete Qualität der entworfenen Landschaft sichern, keinen Hemmschuh für die jeweiligen Grundstücke darstellen. Im Gegenteil, der kreative Umgang mit ihnen kann geschickt für individuelle Bedürfnisse genutzt werden.

Die dargestellten Beispiele zeigen, welche neuen Landschaftsbilder ein »komplexes landschaftsentwerfen« schaffen kann. Es gibt nicht die eine, »richtige« Lösung, wie sie traditionelle Landschaftspläne anstreben, sondern es handelt sich immer um einen Wettstreit der Ideen.

Abschließend sei bemerkt, dass die Hypothese »Landsitze als Landschaftsaufbau« des Studienprojektes »Texas« zugebenermaßen gewagt ist. Sie würde immer nur einen kleinen Teil der brachfallenden Landwirtschaftsflächen betreffen und stellt daher nur eine von einer Vielzahl notwendiger Hypothesen dar, die zukünftig für die »dünnen Landschaften« getestet werden sollten.

Für den Fall einer Bestätigung der aufgestellten Hypothese dokumentieren die dargestellten Ergebnisse, dass die »Landsitzstrategie« für geeignete Gebiete eine ökonomische, ästhetische und ökologische Aufwertung der Landschaft bedeutet. Das Studienprojekt konnte einen derartigen Ansatz selbstverständlich nur anreißen – komplexe rechtliche, ökonomische und viele andere Fragen müssen in einem möglichen weiteren Verlauf geklärt werden. Ein derartiger Prozess braucht Visionen und Leitbilder – »Texas« kann diese durch das Zusammenführen von Ökologie, Ökonomie und Ästhetik bereitstellen.

Selbst für den Fall, dass die »Landsitzstrategie« nicht zur Anwendung kommen wird, zeigen die Beispiele strukturelle und ästhetische Ideen, die auf andere »qualifizierende Eingriffe« für ein Feld der Landschaftsarchitektur übertragbar sind, das bisher zu wenig mit einem entwerferischen Ansatz bearbeitet wurde.

Fischbek_Mississsippi: Städtebaulich-landschaftsarchitektonisches Strukturkonzept für Hamburg-Neugraben/Fischbek (Klaus Overmeyer, »cet-0«/ Landschaftsarchitektur; »kunst + herbert«/Architektur)

Dieses Projekt, das mit seinem innovativen Ansatz den »Deutschen Landschaftsarchitekturpreis 2003« erhalten hat, ist das Ergebnis eines zweiphasigen Wettbewerbs im Jahre 2002, bei dem es den zweiten Preis erhielt. Aufgabe war der Entwurf für ein Neubaugebiet am Stadtrand von Hamburg im Übergang zu landwirtschaftlich genutzten Flächen. Statt Neubausiedlung und Agrarlandschaft in traditioneller Weise gegenüber bzw. nebeneinander zu stellen, schlug das Team um den Landschaftsarchitekten Klaus Overmeyer vor, sie zum Vorteil beider miteinander zu verschränken. Landwirtschaftliche Felder nehmen im Entwicklungsgebiet den gleichen Flächenanteil ein wie die Baufelder und ziehen sich streifenförmig durch die zukünftige Siedlung. Diese Verschränkung von Agrarland und Bauland soll sich für die Landwirte, die öffentliche Hand und die zukünftigen Bewohner zu einer Symbiose entwickeln, von denen alle gleichermaßen profitieren. Um das zu erreichen, entwickelten die Entwerfer in mehreren öffentlichen Entwurfskolloquien zusammen mit zukünftigen Bewohnern, Vertretern der öffentlichen Hand und umliegenden Landwirten eine umfassende Strategie. In der Sprache der »Modus 2-Gesellschaft« wurde hier in der »Agora« sozial robustes Wissen geschaffen (vgl. Kapitel 1.3): Einerseits konnten lokale Akteure im Rahmen des Gutachterverfahrens ihre Anliegen in den Entwurfsprozess integrieren, andererseits können die zukünftigen Bewohner durch die offene Strategie über eine kooperative Plattform die Gestaltung der freien Felder kontinuierlich neu verhandeln.

IV-16: Landwirtschaftliche Flächen und domestizierte Felder

IV-17: Baufelder

IV-18: Grundriss »Fischbek«

komplexes landschaftsentwerfen 137

Kernstück der Strategie ist die Aufteilung der zwischen den Siedlungsstreifen liegenden Felder in drei Typen:

1. Flächen extensiver Landwirtschaft, die von Landwirten langfristig gepachtet werden können. Die erzeugten Produkte können in einem der Siedlung zugeordneten Hofladen verkauft werden.
2. Domestizierte Grünflächen, die »Allmenden«, die sich zwischen zwei Baufeldern befinden und mit ihnen zusammen eine Siedlungseinheit bilden. Diese Allmenden sind von der Stadt an einen Verein (»Mississippi-Club«) verpachtet, dem alle Bewohner angehören, entweder aktiv oder passiv. Der Verein stimmt die Nutzung dieser Flächen alljährlich ab, sie bedienen sowohl individuelle Wünsche wie Schafzucht, Gemüseanbau oder Rosenzucht als auch gemeinschaftliche Zwecke wie Sport, Schützenfest oder Osterfeuer (s. Abb IV-19). Falls nicht alle Flächen Nutzungen finden, wird über die Mitgliedsbeiträge ein Landwirt beauftragt, die Fläche extensiv zu pflegen (s. Abb. IV-22).
3. Städtische Grünflächen, die dauerhaft öffentlich zugänglich sind und von der Kommune gepflegt werden. Aufgrund der Vielzahl anderer Freiflächen können diese öffentlich gepflegten Flächen auf ein Minimum reduziert werden.

Als Ergebnis dieser Integration der Agrarlandschaft in die neue Siedlung entstehen vielfältige und ungewöhnliche Nutzungsmöglichkeiten für Kinder und Erwachsene.

Das Projekt steht in zweierlei Hinsicht für das Verständnis des »landschaftsentwerfens«:
Erstens durch das Entwickeln einer komplexen Strategie, die zur Gestaltung der Flächen die Bewohner einbezieht. Durch den Entwurf ist ein Rahmen vorgegeben, dessen Ausgestaltung jedoch

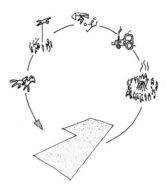

IV-19: Mehrfachnutzung der Allmendefelder

IV-20: Szenario »Intensive Nutzung der Allmendeflächen«

IV-21: Szenario »Extensive Nutzung der Allmendeflächen«

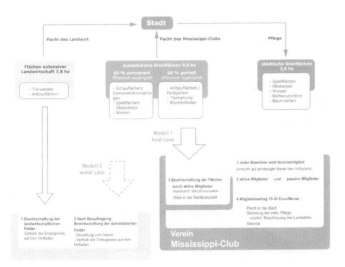

IV-22: Nutzungsstrategie für die drei »Feldertypen«

offen ist, so dass die Bewohner ihre Siedlung laufend »weiter-entwerfen« können und so eine ganz andere Identifikation ermöglicht wird als bei »klassischen« Neubaugebieten.

Zweitens dokumentiert es, was ein Verständnis des »Miteinanders« im Sinne der Landschaft Drei – im Gegensatz zum Verständnis des »Gegenübers« der Landschaft Zwei – leisten kann: In diesem dynamischen Gefüge werden so verschiedene programmatische Ebenen wie Landwirtschaft, Bebauung, Sport- und Erholungsflächen sowie soziale und ökonomische Aspekte zu einem untrennbaren Ganzen zusammenfasst.

Studienprojekt »Landschaftsgenerator BBI« (TU Berlin)

Am Beispiel von Entwürfen für die Landschaft rund um den zukünftigen Flughafen »Berlin-Brandenburg-International« (BBI) soll dargestellt werden, was Landschaftsarchitektur auf einem fast schon regionalen Maßstab leisten kann. Wie kann durch die komplexe Denkweise Unvorhersagbarkeit, Prozessualität und Relationalität integriert werden? Wie können die vielschichtigen Ebenen der »Landschaft Drei« in einem Konzept berücksichtigt werden? Was erreicht ein entwerferischer Zugang, der nicht eine »richtige« Lösung sucht, sondern mehrere, möglichst gute Passungen?

Die Notwendigkeit eines neuen Flughafens für Berlin ist seit dem Hauptstadtbeschluss von 1991 Konsens, denn die Kapazität der drei bestehenden Flughäfen Tempelhof, Tegel und Schönefeld reichen für den zukünftigen Bedarf nicht aus. Nach langen und schwierigen Standortdebatten wurde erst 1996 entschieden, den bestehenden Flughafen Schönefeld zum neuen Großflughafen »Berlin-Brandenburg-International« auszubauen. Derzeit (2003) läuft noch das Planfeststellungsverfahren, in dessen Verlauf umfangreiche Voruntersuchungen angestellt wurden, die 2000 öffentlich ausgelegt waren. Ein Bestandteil des Planfeststellungsverfahrens ist ein »Landschaftspflegerischer Begleitplan« als Beitrag der Landschaftsplanung. Er stellt den Versuch dar, den Eingriff des Flughafens in den Naturhaushalt auszugleichen. Angesichts der Massivität des Eingriffes ist das kein leichtes Unterfangen, und durch die wenig vorhandenen Ersatzflächen kam es meist zu den üblichen Hochstufungen geringwertiger Flächen zu hochwertigen Biotopen, um einen Ausgleich der Biotopwertzahlen »hinzubekommen«. Als Ergebnis gibt es eine Vielzahl verstreuter Biotopflächen, die die Landschaftsplanung als sektorale Fachplanung der Gesamtplanung abringen konnte. Die Rollen in der Auseinandersetzung zwischen Landschaftsplanung und Gesamtplanung sind meist klar verteilt: Aus Sicht der Ersteren muss der Flughafen als störender Eingriff erscheinen, während Letztere die Landschaftsplanung als ein »lästiges Übel« begreift, das es möglichst kostengünstig zu bewältigen gilt. Der Fachbeitrag der Landschaftsplanung ist ein wich-

komplexes landschaftsentwerfen 139

IV-23: Plan über die Erweiterung des Flughafens »Schönefeld« zum Flughafen »Berlin-Brandenburg-International«

IV-24: Ausgleichs- und Ersatzmaßnahmen (dunkelgrau) im Planfeststellungsverfahren zur Erweiterung des Flughafens »Schönefeld« zum Flughafen »Berlin-Brandenburg-International«

tiger und notwendiger Beitrag zur Sicherung der Leistungs- und Funktionsfähigkeit des Naturhaushaltes – aber »landschaftsentwerfen« geht über ein derart sektorales Verständnis hinaus und verzichtet auf »Gegenüberstellungen«.

Der breit gefächerte Entwurfsansatz im Verständnis der »Landschaft Drei« geht nicht von einem Naturhaushalt aus, in dem »Wegnahmen« durch irgendwelche »Zugaben« ausgeglichen und damit ein »altes« Gleichgewicht bewahrt werden kann. Dieses Verständnis orientiert sich an dem, was ist, und versucht, es zu erhalten – ein statisches, historisierendes Verständnis. »landschaftsentwerfen« dagegen akzeptiert den »Eingriff« als neuen Bestandteil des »Landschaftshaushaltes«, der Auswirkungen auf die anderen Bestandteile wie Landwirtschaft, Infrastruktur und Bebauung hat und der Landschaft damit völlig neue Möglichkeiten eröffnet, die entworfen werden müssen. Ausgleichsflächen orientieren sich in diesem Verständnis nicht am vorherigen Zustand, sondern werden zusammen mit den anderen Elementen der Landschaft zu einem Gefüge mit neuen Eigenschaften weiterentwickelt.

Auf den Flughafen BBI bezogen versucht ein derartiger Ansatz, den Flughafen nicht nur als »Störenfried« zu sehen, sondern als Ausgangspunkt einer zu Beginn noch unbekannten, zeitgemäßen Landschaft, die für Bewohner, Erwerbstätige und Besucher gleichermaßen schön und attraktiv ist.

Der Entwurf einer solchen, neuen Landschaft rund um den Flughafen war Aufgabe eines Hauptstudienprojekts im Studiengang »Landschaftsplanung« an der TU Berlin (2000/2001; Konzeption und Durchführung M. P., zusammen mit der Architektin Angelika Schnell). Zielvorstellung war ein komplexer, schöner Hybrid aus neuer Infrastruktur, Wildnis, Einkaufszentren, Lärm, Geschichte, Industrie, Erholung, Landwirtschaft etc.

Nach einer ausführlichen Analysephase bekamen die Studierenden für die Aufgabe »Landschaftsgenerator BBI« ein imaginäres Programm von 3000 Hektar Gewerbe und 500 Hektar Wohnen, das in die weitere Umgebung des Flughafens integriert werden sollte. Diese Größen wurden aus dem Vergleich mit anderen Flughäfen für einen Entwicklungszeitraum von mehreren Jahrzehnten heraus als realistisch angesehen. Angesichts der unvorhersagbaren ökonomischen Entwicklung war ein Entwurfsgerüst gefragt, das Prozesse einerseits in bestimmte, gestaltete Bahnen lenkt, andererseits flexibel auf unterschiedliche Dynamiken reagieren kann, was in verschiedenen Szenarien gezeigt werden sollte.

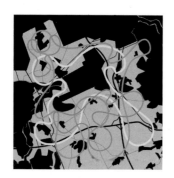

IV-25: Konzeptplan »Bandgewebe«

»Bandgewebe«

(Susanne Hainer, Anja Knoth, Sigrun Langner, Katrin Staiger)
Diese Arbeit verfolgte die Strategie, für die im Programm geforderten Nutzungen Gewerbe, Wohnen und ökologische Ausgleichsflächen ein festes, dem Charakter der jeweiligen Nutzung angepasstes Infrastrukturband zu definieren, an das diese angelagert werden können. Die hier entwickelten, strukturierenden Bänder haben einen stark geschwungenen Verlauf, was zwei Vorteile bietet: einerseits werden die Bänder sehr lang und können damit problemlos das notwendige Programm unterbringen, andererseits bieten die Schwünge viel Kontaktfläche mit der Umgebung.

Der Verlauf der Bänder ist nicht willkürlich, sondern wurde im ersten Arbeitsschritt anhand von bestimmten Kriterien definiert: Für jede der drei Nutzungen wurden die eher abstoßenden beziehungsweise anziehenden Orte in der existierenden Kulturlandschaft identifiziert, um dann entlang der anziehenden Orte den optimalen Korridor für die Infrastrukturlinie zu markieren.

komplexes landschaftsentwerfen

Ausgleichsband
Ein kombinierter Rad- und Fußweg wird entlang bestehender und neu zu entwickelnder Naturschutz- und Erholungsflächen (»anziehende« Orte) geführt. Kontakt mit »abstoßenden« Orten wie Gewerbe, Flughafen oder Straßen wird vermieden.

Gewerbeband
Anziehende Orte für dieses Band sind bestehende Infrastrukturelemente wie Bundesstraßen, Autobahnen, Bahnlinien und Flughafen, während bestehende Biotope als abstoßende Orte gemieden werden. Sein Zentrum bildet eine vierspurige Straße.

Wohnband
Bestehende Wohngebiete sowie die Nähe zur offenen Landschaft bzw. Wäldern als anziehende Orte bestimmen den Verlauf dieses Bandes. Aufgrund von Lärmschutzrestriktionen ist ein großer Teil des Gebietes von möglicher Wohnbebauung ausgeschlossen, weshalb das Wohnband in zwei getrennte Bänder geteilt wurde. Die Wohnbebauung wird entlang einer zweispurigen Straße errichtet.

IV-26–31: Verlaufsbestimmung und Gestalt der Bänder (obere Reihe: Ausgleichsband; untere Reihe: Gewerbeband). Linke Spalte: Jeweils anziehende (schwarz) und abstossende (weiß) Orte. Mittlere Spalte: Anlagerung des jeweiligen Bandes an die anziehenden Orte. Rechte Spalte: Linientypologie

Auf diese Weise erhält jedes Band eine eigene Wegetypologie, entlang derer nur die jeweilige ihr zugeordnete Nutzung gestattet ist. Im »Hinterland« der jeweiligen Bänder dagegen gibt es keine Nutzungsvorgabe – hier können sich je nach Nachfrage die Nutzungen flexibel anlagern bzw. vermischen, wie in den Szenarien dargestellt wird (s. Abb. IV 32/33).

Für die Kreuzungsbereiche zweier Bänder gibt es eine klare Regelung, welche Nutzungsfläche durchgehen darf bzw. welche unterbrochen werden muss: Ausgleich hat grundsätzlich Vorrang, und Wohnen hat Vorrang vor Gewerbe.

Ergänzt werden die drei Nutzungsbänder durch das Band einer Tramlinie, die das Gebiet für den öffentlichen Nahverkehr erschließt und das mit den bestehenden S- und Regionalbahnhaltestellen verknüpft wird.

An zwei Stellen im Gebiet des Bandgewebes treffen alle vier Bänder aufeinander – dieses sind die »Neutrenlagen«, in denen keine Nutzung an die jeweilige Wegetypologie angelagert werden darf und sich die »reinen« Infrastrukturlinien überlagern.

Dieser Entwurf, der die Ausgleichsflächen als unverzichtbaren Bestandteil des Gesamtkonzeptes integriert, erlaubt vielfältige Erfahrungsmöglichkeiten: Man kann sich endlos in einer geordneten, monofunktionalen Schleife bewegen, man kann ständig zwi-

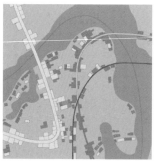

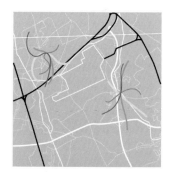

IV-32/33: Szenarien der Entwicklung

IV-34/35: Bei Aufeinandertreffen zweier Bänder Vorrang von Ausgleich über Gewerbe (oben) bzw. von Ausgleich über Wohnen (unten).

IV-36/37: Neutrenlagen

komplexes landschaftsentwerfen

schen den Typologien wechseln, und wenn man die »klaren« Bänder Richtung Hinterland verlässt, befindet man sich in einem typischen, suburbanen Gemisch.

Da »landschaftsentwerfen« keine einzig mögliche, durch Methoden abgesicherte »richtige« Lösung anbieten kann wie die traditionelle Landschaftsplanung, sollten immer mehrere Lösungen entwickelt werden, um Qualität vergleichend diskutieren zu können (wie beispielsweise in Wettbewerbsverfahren). Dementsprechend sollen hier noch zwei Beispiele für weitere gute Lösungen vorgestellt werden.

»Fraktales Poolmodell«

(Britta Deiwick, Yi-Chun Hwang, Douyoung Kwon, Daniela Otto, Jessica Rodde)

Dieser Entwurf setzt bei der aktuellen Tendenz an, Ausgleichsflächen einem Flächenpoolkonzept zuzuordnen. Im Flächenpool legen beispielsweise Gemeinden im Vorhinein potentielle Flächen fest, die durch zukünftig anfallende Ausgleichsmaßnahmen aufgewertet werden sollen. Beim »Fraktalen Poolmodell« wurden diese konkreten Vorbestimmungen durch ein »virtuelles« Regelwerk ersetzt. Es baut auf der These auf, dass die Ränder zwischen Bebauung und offener Fläche eine Zone von hohem Wert sind. Durch das vorgeschlagene »fraktale Regelwerk« werden die durch den Flughafen und die weitere Bebauung in großem Ausmaß anfallenden Ausgleichsflächen so an zukünftige Bebauung angegliedert, dass gleichsam selbstorganisierend möglichst viele Randzonen entstehen. Große, monofunktionale Gebiete werden so vermieden.

Die Ausgleichsflächen sind in drei Typen mit unterschiedlicher Wertigkeit gegliedert, die je nach Kontext verwendet werden können: Naturschutz, Land- bzw. Forstwirtschaft und gestaltete Parks.

IV-38/39: Fraktales Poolmodell, Szenarien 2010 (links) und 2050 (rechts)

144   *komplexes landschaftsentwerfen*

Wenn das »Fraktale Poolmodell« von den Gemeinden rund um den zukünftigen Flughafen übernommen werden würde, könnte es eine übergeordnete Qualität der Randmaximierung garantieren bei gleichzeitiger Anpassungsfähigkeit an unvorhersehbare lokale Entwicklungen.

»Impulskorridore«

(Beatrice Müller, Dana Neumann, Lars Winkelmann)
Bestehende Impulspunkte, die durch eine Korridorstrategie vernetzt werden sollen, stehen am Anfang dieses Entwurfes. Beispielsweise sollen die anfallenden Ausgleichsflächen zur Entwicklung von »Naturkorridoren« zwischen bestehenden Impulsbiotopen genutzt werden, die den Biotopverbund sowie Frischluftschneisen nach Berlin sichern sollen. Um möglichst schnell ein Kontinuum zu erreichen, erfolgt die Anlagerung der Flächen von innen nach außen. Die »Naturkorridore« überschneiden sich nach vorgegebenen Regeln mit den an Infrastrukturlinien entwickelten »Gewerbekorridoren« oder den entlang der S-Bahnstrecken gelegenen »Wohnkorridoren«. Als Grundstruktur entsteht ein stabiles Netz, das flexibel auf zukünftige Erweiterungen reagieren kann.

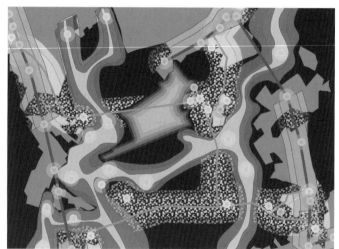

IV-40–42: Entwicklungsstufen der Impulskorridore

Es soll betont werden, dass die dargestellten Beispiele als studentischer Ideenwettbewerb eine Vielzahl von Parametern nicht zu berücksichtigen brauchten. Insbesondere die Vorgaben der aktuell gültigen Bau- und Naturschutzgesetze sind mit derartigen integrativen Projekten kaum in Einklang zu bringen. Aber auf diesen Gebieten werden aktuell von renommierten Fachleuten dringend Neuerungen gefordert, die neue Lösungen einer in diesen Beispielen angedeuteten integrierenden Landschaftsarchitektur möglich machen könnten: »Gesetzgebung, Verwaltung und Praxis scheinen sich in Sachen Naturschutz und Landschaftsentwicklung so sehr in Sackgassen verfahren zu haben, dass ein breiter Neuanfang erforderlich ist. Der Neuanfang muss ansetzen an einer Begrifflichkeit, die den Verhältnissen angemessen ist. Der Neuanfang muss sich fortsetzen in der Ausbildung, in der zumindest Landschafts- und Stadtplanung mit je eigenen Schwerpunkten zu einem Studiengang integriert werden müssen – mit einer globalen Perspektive auf die Probleme der Welt – und sich nicht zuletzt niederschlagen in einer anderen Gesetzes- und Richtlinien-Systematik. Ein Neuanfang muss sich z. B. niederschlagen in der Novellierung eines Baugesetzbuches, das Bauen als Umweltanreicherung begreift, und einer Nutzungsverordnung, in die Natur und Landschaftsplanung integriert sind. Und nicht zuletzt müssen Verwaltung und freiberufliche Praxis aus ihrer einseitig auf Schutz und vermeintlichen Ausgleich ausgerichteten Einstellung zu einer offenen Haltung finden, die die Stadtlandschaft als zu entwickelnde Einheit begreift, einer Einheit, zu der auch Siedlung und Stadt gehören.« (Neumann/Sieverts 1997: 47)

In diesem Sinne können die vorgestellten Entwürfe als offensive Visionen für die zu entwickelnden, landschaftlichen Einheiten verstanden werden. Auch wenn sie derzeit nicht zu realisieren sind, zeigen die Beispiele die Möglichkeiten von Landschaftsarchitektur auf, wenn sie mit ihren synthetischen und kontextuellen Fähigkeiten frühzeitig eingebunden würde.

Fazit

Diese vier Projekte haben eines der neuen Möglichkeitsfelder einer Landschaftsarchitektur im Sinne des »komplexen landschaftsentwerfens« detailliert dargestellt. Weitere Themen, die von diesem metatheoretischen Verständnis profitieren, sind beispielsweise die Konversionslandschaften, eines der Schwerpunktthemen der letzten Jahre. Projekte wie der Landschaftspark Duisburg-Nord von Latz + Partner oder der im dritten Kapitel vorgestellte Siegerentwurf von James Corners Team im Wettbewerb »Fresh Kills« zeigen, dass nur die Zusammenführung der ehemaligen professionellen Pole von ökologischer Planung einerseits und künstlerischer Gestaltung andererseits zu herausragenden Ergebnissen führt.

Insgesamt erfährt die vielbeschworene, aber noch zu wenig verwirklichte Verknüpfung von Ökologie und Gestaltung durch die Metatheorie des »komplexen landschaftsentwerfens« eine Klärung. Dieses hat insbesondere zu tun mit der Landschaft Drei, die verdeutlicht, dass in der Landschaftsarchitektur Ökologie nur »gemacht«, d. h. entworfen werden kann und in diesem Sinne künstlich ist (Ökologie ist hier bewusst »umgangssprachlich« verwendet, präziser wäre Nachhaltigkeit). James Corner hat dieses Machen, d. h. Entwerfen von Ökologie, hervorragend zusammengefasst: »Eine wahrhaft ökologische Landschaftsarchitektur beschäftigt sich weniger mit der Herstellung fertiger, kompletter Produkte als vielmehr mit dem Entwerfen von Prozessen, Strategien, Agenzien und Rahmengerüsten – katalytische Vorgaben, die die Entstehung einer Vielzahl von Beziehungen erlaubt, die kreieren, emergieren, vernetzen, verbinden und differenzieren. Ziel für die Gestaltung derartiger strategischer Ausgangspunkte ist nicht das Zelebrieren von Differenz und Pluralität in Form von bildlicher Repräsentation, sondern das Konstruieren ermöglichender Beziehungen zwischen den Freiheiten des Lebens (im Sinne von Unvorhersagbarkeit, Zufälligkeit und Veränderung) und der Anwesenheit von formaler Kohärenz und struktureller/materieller Präzision – ein doppeltes Ziel.« (Corner 1997: 102)

Das Thema, das sich durch die gesamte Diskussion und die dargestellten Beispiele hindurchzieht, ist der synthetische Charakter des »komplexen landschaftsentwerfens«. Durch diese Eigenschaft gelingt es, die aufgezeigten, nicht mehr zu rechtfertigenden theoretischen Aufspaltungen des letzten Jahrhunderts zu überwinden und eine Metatheorie für die von Joe Brown so dringend geforderte »professionelle Einheit« (s. o.) bereitzustellen. Die Landschaftsarchitektur war immer dann stark, wenn sie aus einem geeinten und gleichzeitig mannigfaltigen Selbstverständnis heraus agierte, wie die Beispiele von Olmsteds »Emerald Necklace« in Boston oder Lennés Planungen für Berlin und Potsdam zeigen. Möglicherweise kann die Metatheorie des »komplexen landschaftsentwerfens« einen Beitrag leisten, derartige Leistungen im zeitgenössischen Kontext zu realisieren.

Zusammenfassung

Die Wissenschaften des Komplexen haben in den letzten Jahrzehnten einen großen Beitrag dazu geleistet, die Welt auf neue Weise zu sehen. Ihre Forschungsergebnisse zeigen, dass die Ziele der klassischen Wissenschaft wie Vorhersagbarkeit oder zeit- und kontextlose Gültigkeit von Gesetzen für die meisten Fälle prinzipiell unerreichbar sind. Als Eckpfeiler der Erkenntnisse der Komplexitätstheorie zeigen sich *Unvorhersagbarkeit*, *Prozessualität* und *Relationalität* – Kategorien, die denen der klassischen, kausal-analytischen Wissenschaft diametral entgegenstehen. Eine *komplexe Denkweise*, die diese drei Eigenschaften zusammenfasst, ist Voraussetzung zur Etablierung einer neuen Form der Wissensproduktion, die von Nowotny als »Modus 2« bezeichnet wird. Wissenschaft im Modus 2 sucht nicht mehr nach allgemeingültigen Prinzipien wie die Modus 1-Wissenschaften, sondern ist gekennzeichnet durch die »kontinuierliche Konfiguration und Rekonfiguration von Wissen, das auf einer temporären Basis in unterschiedlichen und heterogenen Anwendungskontexten zusammengefügt« wird. (Nowotny 1999) Diese Anerkennung des Hybriden, Spezifischen und Temporären ermöglicht neue wissenschaftstheoretische Perspektiven für die Landschaftsarchitektur.

Für ihren *Gegenstand* Landschaft bedeuten diese Erkenntnisse die Fundierung eines Landschaftsbegriffes der »Landschaft Drei«. Dieser von Jackson geprägte Begriff definiert Landschaft als *dynamisches System menschgemachter Räume*. Mit dieser Anerkennung des grundsätzlich künstlichen Charakters von Landschaft kann der zu eng gewordene Rahmen des bislang vorherrschenden ästhetischen Landschaftsbegriffes verlassen werden. Dieser schränkt Landschaft auf eine umruhende Natur ein, die als Korrelat zu den menschgemachten Dingen dem Betrachter eine transzendentale Einheit mit der Natur ermöglicht. Dieser Landschaftsbegriff bestimmt seit dem 18. Jahrhundert das abendländische Bewusstsein und beinhaltet bis heute in der Alltagssprache gültige Vorstellungen von Landschaft als »grün«, »natürlich« oder »harmonisch« – ein statisches, arkadisches Idealbild. Diese Vorstellung wird angesichts der heute nahezu total angeeigneten Natur, der Verwischung des Unterschiedes »Natürlich-Künstlich« von vielen Seiten kritisiert. Die Landschaft Drei, die sich mit ihrem umfassenden Charakter nicht auf irgendein »Gegenüber« des Gebauten reduzieren lässt, kann nun mit Hilfe der komplexen Denkweise als unvorhersagbares, prozessuales Relationenfeld gesehen werden, das der kontinuierlichen Gestaltung zur Entfaltung menschlicher Möglichkeiten bedarf.

Für das Entwerfen, die *Handlungsweise* der Landschaftsarchitektur, bedeuten die wissenschaftstheoretischen Erweiterungen eine Neubewertung. Bisher war das Entwerfen aufgrund seiner Ausrichtung auf spezifische Fälle und nicht objektivierbarer Zielsetzungen unmöglich in die klassische, kausalanalytische Weltsicht zu integrieren. Wie Schön in seiner Entwurfstheorie der »Reflexiven Praxis« herausstellt, ist Entwerfen aber gerade wegen seiner Integration analytischer *und* intuitiver Elemente die geeignete Handlungsweise, um mit Komplexität, Ungewissheit, Einzigartigkeit und Wertekonflikten umgehen zu können. Mit diesen Fähigkeiten kann das Entwerfen für die immer wichtiger werdende Modus 2-Wissensproduktion, bei der Wissen in lokalen Kontexten anwendungsbezogen und temporär erzeugt wird, zu einer unverzichtbaren Handlungsweise werden.

Für die Landschaftsarchitektur bedeutet eine Metatheorie des »komplexen landschaftsentwerfens«, d. h. die Kombination aus komplexer *Denkweise*, der »Landschaft Drei« als *Gegenstand* und des Entwerfens im Sinne der reflexiven Praxis als *Handlungsweise*, eine Klärung ihres bislang diffusen Selbstverständnisses. Die seit langem lähmende Trennung der Profession in »erfahrungswissenschaftliche« Landschaftsplaner bzw. »künstlerische« Landschaftsarchitekten kann aufgegeben werden. Landschaft als dynamisches Gefüge menschgemachter Räume umfasst objektive *und* subjektive Elemente und kann daher nicht mit einem einseitigen Ansatz erfasst werden. Das Entwerfen integriert erfahrungswissenschaftliche und künstlerische Elemente und ist damit die angemessene und umfassende Handlungsweise für die Profession. Das Entwerfen als kreative *und* analytische Handlungsweise trifft auf die Vorstellung der »Landschaft Drei« mit ihrer umfassenden Integration ökologischer und kultureller Ebenen. Mit dieser Kombination kann die Landschaftsarchitektur ihr Potential ausbauen und mit künstlerischen und technischen Mitteln komplexe Aufgaben bearbeiten, wie die Beispiele im vierten Kapitel zeigen. Landschaftsarchitektur entwirft damit die Relationen von Mensch und Dingen für den ganzen Raum – nie gibt es zwischen ihnen einen statischen Zustand der Vollkommenheit, weshalb ihre Gestaltung ein immerwährendes Abenteuer ist. Dieses Abenteuer der Relationen so spannend, kontrastreich und kohärent wie möglich zu machen, ist die Herausforderung der Landschaftsarchitektur.

Literaturverzeichnis

Anmerkung:
Alle Zitate, die auf englischsprachige Originalliteratur verweisen, wurden vom Verfasser ins Deutsche übersetzt.

Aicher O. 1975. die hochschule für gestaltung – neun stufen ihrer entwicklung. In: Archithese 15/1975: 12–16

Aicher O. 1991a. analog und digital. Berlin, Ernst & Sohn

Aicher O. 1991b. die welt als entwurf. Berlin, Ernst & Sohn

Alexander C. 1963. The Determination of Components for an Indian Village. In: Cross N. (Ed.) 1984. Developments in Design Methodology. Chichester, John Wiley & Sons: 33–56

Alexander C. 1971. The State of the Art in Design Methods. In: Cross N. (Ed.) 1984. Developments in Design Methodology. Chichester, John Wiley & Sons: 309–316

Alexander C./Ishikawa S./Silverstein M. 1995. Eine Muster-Sprache. Wien, Löcker

Archer B. 1965. Systematic Method for Designers. In: Cross N. (Ed.) 1984. Developments in Design Methodology. Chichester, John Wiley & Sons: 57–82

Archer B. 1979. Whatever became out of Design Methodology. In: Cross N. (Ed.) 1984. Developments in Design Methodology. Chichester, John Wiley & Sons: 347–349

Banse G. 2000. Konstruieren im Spannungsfeld: Kunst, Wissenschaft oder beides? In: Banse G./Friedrich K. (Hg.) 2000. Konstruieren zwischen Kunst und Wissenschaft. Berlin, Ed. Sigma: 19–80

BDLA 2003. Landschaftsarchitektur heute. In: http://www.bdla.de/main.htm. [02/ 2003]

Beardsley J. 2000. A Word for Landscape Architecture. Harvard Design Magazine, Fall 2000: 58–63

Beardsley J. 2002. Xochimilco Ecological Park. In: Trulove J. G. (Hg.) Ten Landscapes: Mario Schjetnan. Gloucester/ MA, Rockport: 60–73

Briggs J./Peats F. D. 1990. Die Entdeckung des Chaos. München, Carl Hanser

Broadbent G. 1979. The Development of Design Methods. In: Cross N. (Hg.) 1984. Developments in Design Methodology. Chichester, John Wiley & Sons: 337–345

Brockman J. 1996. Die dritte Kultur. Das Weltbild der modernen Naturwissenschaft. München, Goldmann

Brown J. 1999. The Unfulfilled Leadership Promise. In: http://www.edaw.com/hotnews/papers/pp_0999.htm [02/2003]

Casti J. 1996. Das einfache Komplexe. In: http://www.heise.de/tp/deutsch/special/vag/6035/1.html [07/ 2001]

Christen M. 2002. Botschafter der Komplexität. Neue Zürcher Zeitung, 31.10.2002: 51

Clark K. 1962. Landschaft wird Kunst. Köln, Phaidon

Corboz A. 2001. Das Territorium als Palimpsest. In: Ders. 2001. Die Kunst, Stadt und Land zum Sprechen zu bringen. Basel, Birkhäuser: 143–165

Corner J. 1997. Ecology and Landscape as Agents of Creativity. In: Thompson G./Steiner F. (Hg.). 1997. Ecological Design and Planning. New York, John Wiley & Sons: 81–107

Corner J. 1998. The Landscape Project. In: Crandell G./Landecker H. (Hg.) 1998. Designed Landscape Forum. Washington DC, Spacemaker Press: 32 35

Corner J. u. a. 2001. Lifescape. In: http://www.nyc.gov/html/dcp/pdf/fkl/fien1.pdf [04/2003]

Coveney P./Highfield R. 1994. Anti-Chaos. Reinbek bei Hamburg, Rowohlt

Cramer F. 1993a. Chaos und Ordnung. Frankfurt a. M., Insel

Cramer F. 1993b. Das Schöne ist eine Gratwanderung zwischen Chaos und Ordnung. Kunstforum International, Bd. 124: 82–87

Cross N. (Ed.) 1984. Developments in Design Methodology. Chichester, John Wiley & Sons

Debes C., Körner S., Trepl L. 2001. Landschaftsplanung zwischen Querschnitts- und Fachorientierung. Naturschutz und Landschaftsplanung 33, (7): 218–226

Dettmar J. 1999. Zwischen Verstand und Gefühl? Das Dilemma der Disziplin Landespflege/Landschaftsplanung/Landschaftsarchitektur. DISP 138/ 1999: 35–39

Desvigne M./Dalnoky C. 1994. Eine neue Landschaft für Thomson in Guyancourt. Topos 6: 20–24

Dijk H. van 1997. Architecture in the Netherlands: 1960–1997. Archis 11/1997: 24–28

Doczi G. 1987. Die Kraft der Grenzen. Glonn, Capricorn

Dörner D. 1992. Die Logik des Mißlingens. Strategisches Denken in komplexen Situationen. Reinbek bei Hamburg, Rowohlt

Duden. 2001. Das Herkunftswörterbuch. Etymologie der deutschen Sprache. Mannheim, Bibliographisches Institut & F. A. Brockhaus AG

Ebeling et al. 1999. Evolutions- und Innovationsdynamik als Suchprozeß in komplexen adaptiven Landschaften. In: Mainzer K. (Hg.) Komplexe Systeme und Nichtlineare Dynamik in Natur und Gesellschaft. Berlin, Springer: 446–473

Eisel U. 1992. Über den Umgang mit dem Unmöglichen. Ein Erfahrungsbericht über Interdisziplinarität im Studiengang Landschaftsplanung – Teil 1 und Teil 2. Das Gartenamt 9/92: 593–605; 710–719

Eisel U. 1997. Unbestimmte Stimmungen und bestimmte Unstimmigkeiten. In: Bernard S./Sattler P. (Hg.) Vor der Tür. München, Callwey: 17–33

Eisel U. 2003. Theorie und Landschaftsarchitektur. Garten + Landschaft 01/2003: 9–13

Flach W. 1986. Landschaft. Die Fundamente der Landschaftsvorstellung. In: Smuda M. (Hg) 1986. Landschaft. Frankfurt a. M., Suhrkamp: 11–28

Frampton K. 1975. Ulm: Ideologie eines Lehrplanes. Archithese 15/1975: 26–37

Fürst D. 2000. Wandel der Regionalplanung im Kontext des Wandels des Staates. In: Fürst D./Müller B. (Hg.). 2000. Wandel der Planung im Wandel der Gesellschaft. Dresden, IÖR-Schriften, Band 33: 9–29

Fürst D./Müller B. (Hg.) 2000. Wandel der Planung im Wandel der Gesellschaft. Dresden, IÖR-Schriften, Band 33

Ganser K. 2001. Auf der Suche nach Bildern für die Landschaft. Garten + Landschaft 11/2001: 34–36

Gell-Mann M. 1996. Das Quark und der Jaguar. München, Piper

Gibbons M./Limoges C./Nowotny H./Schwartzmann S./Scott P./Trow M. 1994. The new production of knowledge. London, Sage

Grimm J. u. W. 1862. Deutsches Wörterbuch. Leipzig, Hirzel

Gruenter R. 1953. Landschaft. Bemerkungen zur Wort- und Bedeutungsgeschichte. Germanisch-Romanische Monatszeitschrift, Neue Folge, (3) 1953: 110-120

Haken H./Wunderlin A. 1986. Synergetik: Prozesse der Selbstorganisation in der belebten und unbelebten Natur. In: Dress A./Hendrichs H./Küppers G. (Hg.) 1986. Selbstorganisation – Die Entstehung von Ordnung in Natur und Gesellschaft. München, Piper: 35–60

Haken H. 1991. Synergetik: Die Lehre vom Zusammenwirken. Frankfurt, Ullstein

Hard G. 1970. Die Landschaft der Sprache und die Landschaft der Geographen. Bonn, Ferd. Dümmlers Verlag

Hard G., Gliedner A. 1978. Wort und Begriff Landschaft anno 1976. In: Achleitner F. 1978. Die Ware Landschaft. Salzburg, Residenz Verlag: 16–23

Hard G. 1983. Zu Begriff und Geschichte der ›Natur‹ in der Geographie des 19. und 20. Jahrhunderts. In: Großklaus G./Oldemeyer E. (Hg.) Natur als Gegenwelt. Karlsruhe, von Loeper Verlag: 139–167

Hard G. 1991. Landschaft als professionelles Idol. Garten + Landschaft 3/91: 13–18

Healey P. 1992. Planning through debate. The communicative turn in planning theory. Town Planning Review 63: 143–162

Hillier B./Musgrove J./O'Sullivan P. 1972. Knowledge and Design. In: Cross N. (Ed.) 1984. Developments in Design Methodology. Chichester, John Wiley & Sons: 245–264

Hocking E. W. 1963. Whitehead as I knew him. In: Kline G. (Hg.) 1963. Alfred North Whitehead: Essays on His Philosophy. Englewood Cliffs/N.Y., Prentice-Hall: 7–17

Höfer W. 2001. Natur als Gestaltungsfrage. München, Herbert Utz

Hübler K.-H. 1998. Statt Nach- und Rücksicht ist für die Landschaft Weitsicht erforderlich. Anmerkungen zum Vorhaben Landschaftsplanung. In: Appel E./Wolf A. (Hg.). Landschaft – Tourismus – Planung. Berlin, Landschaftsentwicklung und Umweltforschung, Schriftenreihe im Fachbereich Umwelt und Gesellschaft der TU Berlin, Nr. 109: 23–37

Ipsen D./Schuster S./Wehrle A. 2002. Landschaftskonferenz »Niederlausitzer Bogen«, Band 1. In: http://www.uni-kassel.de/fb13/AEP/pdf/band1.pdf [02/ 2002]

Jackson, J. B. 1984. Concluding with landscapes. In: J. B. Jackson. Discovering the vernacular landscape New Haven, Yale University Press: 145–157

Jacob F. 1972. Die Logik des Lebenden. Frankfurt a. M., S. Fischer

Jencks C. 1995. The Architecture of the Jumping Universe. London, Academy Editions

Jessel B. 1995. Dimensionen des Landschaftsbegriffs. Laufener Seminarbeiträge 4/95: S. 7–10

Jessel B. 1998. Landschaften als Gegenstand von Planung. Berlin, Erich Schmidt

Jonas W. 1994. Design – System – Theorie. Essen, Die blaue Eule

Jonas W. 1999. On the foundations of a »Science of the Artificial«. In: http://home.snafu.de/jonasw/JONAS4-49.html [9/1999]

Jonas W. 2000. Entwerfen als ›Sumpfiger Grund‹ unseres Konzepts von Menschen und Natur (-Wissenschaften). In: van den Boom, H. (Ed.). Entwerfen. Köln, Salon: 114–125

Jonas W. 2001. Design – es gibt nichts Theoretischeres als eine gute Praxis. In: http://home.snafu.de/jonasw/JONAS4-57.html [11/ 2001]

Jonas W. 2002a. Die Spezialisten des Dazwischen. In: http://home.snafu.de/jonasw/JONAS4-58.html [01/ 2002]

Jonas W. 2002b. Common Ground – a product or a process? In: http://home.snafu.de/jonasw/JONAS4-61.html [09/2002]

Jones J. C. 1970. Design Methods. London, John Wiley & Sons Ltd.

Kauffman S. 1996. Der Öltropfen im Wasser. München, Piper

Keim K.-D. u. a. 2003. Transformation der Planungskultur? Planungsrundschau Nr. 6. In: http://www.tu-harburg.de/sb3/objekt/planungsrundschau/planungsrundschau_06/kdkpjmkhl_web.htm [02/2003]

Keller D.A./Koch M./Selle K. 1996. Planung und Projekte. DISP 126: 37–46

Kiefer G./Sattler P. 1999. Knappheit mitdenken. Garten + Landschaft 01/99: 25–28

Koch M. 2003. Wiederkehr der Stadtplanung? In: http://db.nextroom.at/tx/1217.html [04/2003]

Körner S. 2001. Theorie und Methodologie der Landschaftsplanung, Landschaftsarchitektur und Sozialwissenschaftlichen Freiraumplanung vom Nationalsozialismus bis zur Gegenwart. Berlin, Landschaftsentwicklung und Umweltforschung, Schriftenreihe der Fakultät VII – Architektur Umwelt Gesellschaft – der TU Berlin, Nr.118

Koolhaas R./Mau B. 1995. S, M, L, XL. Rotterdam, 010 Publishers

Koolhaas R. 2000. Pearl River Delta. In: Koolhaas u. a. (Hg.) Mutations. Bourdeaux, ACTAR: 280–335

Kriz J. 1992. Chaos und Struktur. München, Quintessenz

Latour B. 2001. Das Parlament der Dinge. Frankfurt, Suhrkamp

Le Roy L. G. 2002. Nature Culture Fusion. Rotterdam, NAi Uitgevers

Literaturverzeichnis

Lewin R. 1993. Complexity. New York, Macmillan

Lindinger H. 1987. Hochschule für Gestaltung Ulm: Die Moral der Gegenstände. Berlin, Ernst & Sohn

Loidl H. 1990. Objektplanung. Skript, Technische Universität Berlin

Loidl H. 2001. Entwerfen ist Notwendigmachen von Möglichkeiten. In: Stimmann H. (Hg.) 2001. Neue Gartenkunst in Berlin. Berlin, Nicolai: 196

Lootsma B. 2000. Gebaute Landschaft. In: Ibelings H. Die gebaute Landschaft. München, Prestel: 38–47

Luz F./Weiland U. 2001: Wessen Landschaft planen wir? Naturschutz und Landschaftsplanung 33, (2/3): 69–76

Maas W. 1995. Landscape. In: Ders./v. Rijs (Hg). FARMAX. Rotterdam, 010 Publishers: 94–95

Mainzer K. 1996. Thinking in Complexity. Berlin, Springer

Mainzer K. (Hg.) 1999. Komplexe Systeme und nichtlineare Dynamik in Natur und Gesellschaft. Berlin, Springer

Mandelbrot B. 1987. Die fraktale Geometrie der Natur. Basel, Birkhäuser

Mayer H.-N./Siebel W. Neue Formen politischer Planung: IBA Emscher Park und Expo 2000 Hannover. DISP 134: 4–11

Meyer E. 1997. The Expanded Field of Landscape Architecture. In: Thompson G./Steiner F. (Hg.). Ecological Design and Planning. New York, John Wiley & Sons: 45–79

Moulines C. U. 1997. Stil in der Wissenschaftstheorie. In: Steinbrenner J./Winko U. (Hg.) 1997. Bilder in der Philosophie & in anderen Künsten & Wissenschaften. Paderborn, Schöningh: 41–59

Musil R. 1978. Der Mann ohne Eigenschaften. Reinbek, Rowohlt.

Neumann K./Sieverts T. 1997. Vom bösen Bauen und der guten Natur. DISP 128: 44–48

Nicolis G./ Prigogine I. 1987. Die Erforschung des Komplexen. München, Piper

Niedersen U./ Pohlmann L. (Hg.) 1990. Selbstorganisation und Determination. Selbstorganisation – Jahrbuch für Komplexität in den Natur-, Sozial- und Geisteswissenschaften, Band 1. Berlin, Duncker & Humblot

Nowotny H. 1999. Es ist so. Es könnte auch anders sein. Frankfurt a. M., Suhrkamp

Nowotny H. 2000. Keine Angst vor der Agora. Bulletin der ETH Zürich, Nr. 277, April 2000: 8–13

Nowotny H./Scott P./Gibbons M. 2001. Re-Thinking Science. Cambridge, Polity Press

Pahl G. 1999. Denk- und Handlungsweisen beim Konstruieren. Konstruktion, Juni 1999: 11–17

Paslack R. 1991. Urgeschichte der Selbstorganisation. Braunschweig, Vieweg

Peitgen H.-O. 1993. Mit den Fraktalen kehren die Bilder in die Mathematik zurück. Kunstforum International, Bd. 124: 111–119

Piepmeier R. 1980. Das Ende der ästhetischen Kategorie ‚Landschaft'. In: Westfälische Forschungen. Band 30: 8–46

Poser H. 2001. Wissenschaftstheorie. Stuttgart, Reclam

Poser H. 2003. Entwerfen als Lebensform. Elemente technischer Modalität. In: Kornwachs K. (Hg.) Technik – System – Verantwortung (= Technikphilosophie Bd.10). Münster, LIT (Manuskript)

Prehn H. 1993. Die Manipulation oder Ausblendung von Erfahrungen ist Mikrochirurgie am Gehirn. Kunstforum International, Bd. 124: 158–167

Prigogine I. 1999. Vom Sein zum Werden. Lettre International 45: 42–46

Prigogine I./Stengers I. 1990. Dialog mit der Natur. München, Piper

Prominski M. 1996. Die Unordnung planen. Garten + Landschaft 10/ 1996: 12–14

Prominski M. 2002. Entwerfen als Wissenschaft. Garten + Landschaft 06/ 2002: 12–13

Literaturverzeichnis

Rauner M. 2003. Das Weltall schwankt. http://www.zeit.de/2003/02/N-Naturkonstanten [02/ 2003]

Rheinberger J. 2001. Experimentalkulturen. http://vlp.mpiwg-berlin.mpg.de/exp/tagungen/mpiwg2001/index.html [01/2003]

Riedl R. 2000. Strukturen der Komplexität. Berlin, Springer

Rittel H. 1972. Second-generation Design Methods. In: Cross N. (Hg.) 1984. Developments in Design Methodology. Chichester, John Wiley & Sons: 317–327

Rittel H./Webber M. 1973. Planning Problems are Wicked Problems. In: Cross N. (Hg.) 1984. Developments in Design Methodology. Chichester, John Wiley & Sons: 135–144

Rittel H./Webber M. 1994. Dilemmas in einer allgemeinen Theorie der Planung. In: Reuter W. (Hg.) 1994. Horst W. Rittel: Planen, Entwerfen, Design. Stuttgart, Krämer: 13–35

Ritter J. 1962. Landschaft. In: Ders. 1974. Subjektivität. Frankfurt a. M., Suhrkamp: 141–190

Ropohl G. 1979. Eine Systemtheorie der Technik. München, Hanser [2., veränderte Auflage 1999 erschienen als »Allgemeine Technologie: Eine Systemtheorie der Technik«. München, Hanser]

Rorty R. 2001. Vom Nutzen der Philosophie für den Künstler. Arch+ 156, Mai 2001: 44–47

Roth G. 1990. Gehirn und Selbstorganisation. In: Krohn W./Küppers G. (Hg.) 1990. Selbstorganisation – Aspekte einer wissenschaftlichen Revolution. Braunschweig, Vieweg: 167–180

Roth G. 1993. In das Wahrnehmungssystem dringt nur das ein, was nicht zu erwarten war. Kunstforum International, Bd. 124: 152–157

Rowe P. 1987. Design Thinking. Cambridge/MA, MIT Press

Ruijter M. d. 1999. Niederlande: Landschaftsarchitektur – ein Prozeß. Topos 27: 32–40

Schirrmacher F. (Hg.) 2001. Die Darwin AG. Köln, Kiepenheuer & Witsch

Schön D. 1991 (1. Auflage 1983). The reflective practitioner. Aldershot, Avebury

Schön D. 1987. Educating the reflective Practitioner. San Francisco, Jossey-Bass

Schröder T. 2001. Chiffren des Komplexen. In: Ders. Inszenierte Naturen. Basel, Birkhäuser: 90–103

Selle K. 2000. Perspektivenwechsel – Überlegungen zum Wandel im Planungsverständnis. In: Fürst D./Müller B. (Hg.). 2000. Wandel der Planung im Wandel der Gesellschaft. Dresden, IÖR-Schriften, Band 33: 53–71

Serres M. 1981. Der Parasit. Frankfurt a. M., Suhrkamp

Shepheard P. 1994. What is architecture? An essay on landscapes, buildings, and machines. Cambridge/ MA, MIT Press

Sieferle, R. P. 1997. Rückblick auf Natur. München, Luchterhand

Siefkes D. 1992. Formale Methoden und kleine Systeme. Braunschweig, Vieweg

Sieverts T. 1998. Zwischenstadt. Braunschweig, Vieweg

Simon H. 1973. The Structure of Ill-structured Problems. In: Cross N. (Hg.) 1984. Developments in Design Methodology. Chichester, John Wiley & Sons: 145–166

Simon H. 1994. Die Wissenschaften vom Künstlichen. Wien, Springer (Übersetzung der 1981 erschienenen, erweiterten Originalausgabe »The Sciences of the Artificial«, MIT Press, Cambridge/ MA. Ersterscheinung 1969)

Singer W. 2000. Zu wissen, wie eine streunende Katze in Frankfurt überlebt. (Gespräch mit F. Schirrmacher). In: Schirrmacher F. (Hg.) 2001. Die Darwin AG. Köln, Kiepenheuer & Witsch: 150–161

Singer W. 2002. Der Beobachter im Gehirn. Frankfurt a. M., Suhrkamp

Singer W. 2003. Über Bewußtsein und unsere Grenzen: Ein neurobiologischer Erklärungsversuch. http://www.mpih-frankfurt.mpg.de/global/Np/Pubs/nau.htm [02/ 2003]

Trepl L. 1997. Zum Verhältnis von Landschaftsplanung und Landschaftsarchitektur. In: Lehrstühle für Landschaftsarchitektur der TU München (Hg.). 40 Jahre Landschaftsarchitektur an der TU München. Freising, Schriftenreihe der Lehrstühle für Landschaftsarchitektur der TU München: 83–96

Literaturverzeichnis

Troll C. 1963 Landschaftsökologie als geographisch-synoptische Naturbetrachtung. In: Paffen K. (Hg.). 1973. Das Wesen der Landschaft. Darmstadt, Wissenschaftliche Buchgesellschaft: 252–267

Vollard P. 2002. Time-based Architecture in Mildam. In: Le Roy L. G. 2002. Nature Culture Fusion. Rotterdam, NAi Uitgevers: 18–26

Waldrop M. 1992. Complexity: The Emerging Science at the Edge Order and Chaos. New York, Simon & Schuster

Wall A. 1999. Programming the Urban Surface. In: Corner J. (Hg.) 1999. Recovering Landscape. New York, Princeton Architectural Press: 233–249

Weilacher U. 1996. Die Syntax der Landschaft – Peter Latz. In: Ders. 1996. Zwischen Landschaftsarchitektur und Land Art. Basel, Birkhäuser: 121–132

Abbildungsverzeichnis

(komplette Quellenangabe nur dann, wenn Quelle nicht schon im Literaturverzeichnis angegeben ist)

I-1 Coveney/Highfield 1994: 192
I-2 ebd.: 268
I-3 Kriz 1992: 72
I-4 © Vista; Aus: Topos 27, 06/1999: 34/35
I-5 Heuser-Keßler M.-L. et al. 1994. Die Architektur des Komplexen. Arch+ 121, März 1994 (38–42): 40
I-6 Cramer 1993a: 204
I-7, 8 © Udo Weilacher
I-9 Frank den Oudsten/Lenneke Büller (aus: Warncke C.-P. 1990. De Stijl 1917–1931. Köln, Taschen: 136
I-10 Frank den Oudsten/Lenneke Büller (aus: ebd.: 141)
I-11–13 © Martin Prominski
I-14 http://www.bigdig.com/thtml/f103100/img015.htm; mit freundlicher Genehmigung des Public Information Departments, Central Artery/Tunnel Project

II-1 Clark 1962, Abb. 71, o. Seitenangabe
II-2 ebd., Abb. 63, o. Seitengabe
II-3 © Martin Prominski
II-4 © Werner Blaser (aus: Blaser W. 1996. West meets East: Mies van der Rohe. Basel, Birkhäuser: 62)
II-5 © VG Bild-Kunst
II-6 © O.M.A. (aus: Koolhaas/ Mau 1995: 929)
II-7 © O.M.A. (ebd.: 925)
II-8 © O.M.A. (ebd.: 927)
II-9 © O.M.A. (ebd.: 923)
II-10 © O.M.A. (ebd.: 933)
II-11 © O.M.A. (ebd.: 908)
II-12 © Fischli + Weiss (aus: Prigge W. (Hg.) 1998. Peripherie ist überall. Frankfurt, Campus (Bauhaus Edition): 29 (Ausschnitt); mit freundlicher Genehmigung der Galerie Presenhuber)
II-13 © Fischli + Weiss (aus: ebd.: 25 (Ausschnitt))

III-1 Jones 1970: 16
III-2 ebd.: 21
III-3 Lindinger 1987: 53
III-4 Rowe 1987: 72
III-5 Archer 1965: 64
III-6 Banse 2000: 64
III-7 Ropohl 1979: 137
III-8 http://www.nyc.gov/html/dcp/pdf/fkl/fied9.pdf
III-9 http://www.nyc.gov/html/dcp/pdf/fkl/fied2.pdf
III-10 http://www.nyc.gov/html/dcp/pdf/fkl/fied8.pdf
III-11 http://www.nyc.gov/html/dcp/pdf/fkl/fied5.pdf
III-12 http://www.nyc.gov/html/dcp/pdf/fkl/fied14.pdf

IV-1 © Mario Schjetnan/ Grupo de Diseño Urbano (aus: Beardsley 2002: 61)
IV-2 © Mario Schjetnan/ Grupo de Diseño Urbano (aus: ebd.: 67)
IV-3 © Mario Schjetnan/ Grupo de Diseño Urbano (aus: ebd.: 68)
IV-4 © Mario Schjetnan/ Grupo de Diseño Urbano (aus: ebd.: 60)
IV-5 © Mario Schjetnan/ Grupo de Diseño Urbano (aus: ebd.: 69)
IV-6 Exner S./ Stimberg D./ Vahl D. 2002. Garten & Landschaft. In: Texas. Projektbericht an der Fakultät VII, TU Berlin. Manuskriptdruck, Berlin: 14
IV-7 ebd.: 13
IV-8 ebd.: 12
IV-9 Allimant R./Iwan C./Pfeiffer M. 2002. Bandstadt. In: Texas. Projektbericht an der Fakultät VII, TU Berlin. Manuskriptdruck, Berlin: 61
IV-10 ebd.: 60
IV-11 Knoth K./Krause M./Sanson C. 2002. Landsitzmeile. In: Texas. Projektbericht an der Fakultät VII, TU Berlin. Manuskriptdruck, Berlin: 42
IV-12 Stimberg D. 2002. Garten für einen Modezar. In: Texas. Projektbericht an der Fakultät VII, TU Berlin. Manuskriptdruck, Berlin: 17
IV-13 ebd.
IV-14 Sanson C. 2002. Zoé's Garten. In: Texas. Projektbericht an der Fakultät VII, TU Berlin. Manuskriptdruck, Berlin: 46
IV-15 ebd.: 47
IV-16 – 22 © cet-0/kunst+herbert
IV-23 mit freundlicher Genehmigung der »BBI Öffentlichkeitsarbeit«, Herr Kunkel (aus: Flughafen Berlin Schönefeld GmbH (Hg.) 1999. Wesentliche Inhalte und Auswirkungen des Flughafenausbaus (Plan). In: Ders. 1999. Wegweiser für den Planfeststellungsantrag (Schuber mit Texten und Plänen). Berlin
IV-24 mit freundlicher Genehmigung der »BBI Öffentlichkeitsarbeit«, Herr Kunkel (aus: Flughafen Berlin Schönefeld GmbH (Hg.) 1999. Ausbau des Flughafens Schönefeld (Plan). In: Ders.

Abbildungsverzeichnis

1999. Wegweiser für den Planfeststellungsantrag (Schuber mit Texten und Plänen). Berlin

IV-25–31 Hainer S./Knoth A./Langner S./Staiger K. 2000. Bandgewebe. In: Complex (Aufgabe »Landschaftsgenerator BBI«). Projektbericht am Fachbereich 7, TU Berlin. Manuskriptdruck, Berlin: 74

IV-32–37 ebd.: 76

IV-38 Deiwick B./Hwang Y.-C./Kwon D./Otto D./Rodde J. 2000. Fraktales Poolmodell. In: Complex (Aufgabe »Landschaftsgenerator BBI«). Projektbericht am Fachbereich 7, TU Berlin. Manuskriptdruck, Berlin: 68

IV-39 ebd.: 69

IV-40–42 Müller B./Neumann D./Winkelmann L. 2000. Impulskorridore. In: Complex (Aufgabe »Landschaftsgenerator BBI«). Projektbericht am Fachbereich 7, TU Berlin. Manuskriptdruck, Berlin: 71

Der Autor

Dr. Martin Prominski, geb. 1967; Landschaftsgärtnerlehre und Gesellenpraxis; Dipl. Ing. Landschaftsplanung, TU Berlin; DAAD-Stipendiat an der Harvard University, Graduate School of Design, Abschluss Master of Landscape Architecture; Mitarbeiter in deutschen und amerikanischen Landschaftsarchitekturbüros; Wissenschaftlicher Mitarbeiter an der TU Berlin, Promotion 2003; seit Herbst 2003 Juniorprofessor für Theorie aktueller Landschaftsarchitektur an der Universität Hannover.

REIMER

Architekturführer Berlin
Von Martin Wörner, Doris Mollenschott,
Karl-Heinz Hüter und Paul Sigel
Einleitung von Wolfgang Schäche
Sechste, überarbeitete und erweiterte Auflage
XXVI und 566 Seiten mit 804 Objekten,
1706 Abbildungen, Grund- und Aufrisse,
23 Lagepläne, Schnellbahnnetz, Architekten-,
Baugattungs-, Straßen-, Objekt- und
historisches Register
Broschiert / ISBN 3-496-01211-0

Maria Berning / Michael Braum / Jens Giesicke /
Engelbert Lütke Daldrup / Klaus-Dieter Schulz
Berliner Wohnquartiere
Ein Führer durch 70 Siedlungen
Dritte, überarbeitete und erweiterte Auflage
380 Seiten mit 582 Abbildungen und ein Faltplan
Broschiert / ISBN 3-496-01260-9

Architekturführer Dresden
Herausgegeben von Gilbert Lupfer, Bernhard Sterra
und Martin Wörner
Einführung von Jürgen Paul
Deutsch/Englisch
XXXVIII und 230 Seiten mit 320 Objekten,
481 Abbildungen, 234 Grund- und Aufrisse,
14 Lagepläne, 1 Übersichtskarte, Architekten-,
Baugattungs- und Straßenregister
Broschiert / ISBN 3-496-01179-3

Architekturführer Düsseldorf
Herausgegeben von Roland Kanz und Jürgen Wiener
XXVI und 210 Seiten mit 269 Objekten,
686 Abbildungen, Grund- und Aufrisse, Schnitte und
Lagepläne und 7 Übersichtspläne, Personen-,
Baugattungs-, historisches, Straßen- und
Objektregister, Glossar
Broschiert / ISBN 3-496-01232-3

REIMER

REIMER

Architekturführer Frankfurt am Main
An Architectural Guide
Von Wolf-Christian Setzepfandt
Deutsch / Englisch
Dritte, überarbeitete und erweiterte Auflage.
276 Seiten mit 409 Objekten, 792 Abbildungen,
Grund- und Aufrisse, 5 Lagepläne, Schnellbahn- und
Straßenbahnplan, Architekten-, Baugattungs-,
Straßen- und Objektregister
Broschiert / ISBN 3-496-01236-6

Architekturführer Halle an der Saale
Von Holger Brülls und Thomas Dietzsch
XXVI und 226 Seiten mit 275 Objekten,
727 Abbildungen, Grund- und Aufrisse, Schnitte
und Lagepläne und 14 Übersichtspläne
Broschiert / ISBN 3-496-01202-1

Dirk Schubert
Hamburger Wohnquartiere
Ein Stadtführer
ca. 320 Seiten mit 340 s/w-Abbildungen und
ausklappbarem Übersichtsplan
Broschiert / ISBN 3-496-01317-6

Architekturführer Hannover
An Architectural Guide
von Martin Wörner, Ulrich Hägele und
Sabine Kirchhof
Deutsch / Englisch
Übersetzt von Margaret Marks
XXXVI und 250 Seiten mit 361 Objekten,
805 Abbildungen, Architekten-, Baugattungs-,
Straßen-, historisches Register und ÖPNV-Plan
Mit allen Expo-Bauten
Broschiert / ISBN 3-496-01210-2

Architekturführer Mannheim
Von Andreas Schenk
Herausgegeben von der Stadt Mannheim
XI und 297 Seiten mit 313 Objekten, 860 Abbildungen,
Grund- und Aufrisse, Karten und Register
Broschiert / ISBN 3-496-01201-3

REIMER

REIMER

Architekturführer Kassel
An Architectural Guide
Hg. von Berthold Hinz und Andreas Tacke
Einleitung von Sascha Winter und Stefan Schweizer
Deutsch / Englisch
Übersetzt von Margaret Marks
LIV und 180 Seiten mit 193 Objekten,
337 Abbildungen und 7 Übersichtskarten,
Architekten-, Baugattungs- und Straßenregister
Broschiert / ISBN 3-496-01249-8

Köln. Ein Architekturführer
An Architectural Guide
Von Alexander Kierdorf
Herausgegeben von Wolfram Hagspiel
Deutsch / Englisch
Übersetzt von Jean-Marie Clarke und
Jeanne Haunschild
XXVIII mit 9 Abbildungen, und 237 Seiten mit
350 Objekten, 434 Abbildungen, 243 Grund- und
Aufrisse und 10 Karten. Architekten-, Baugattungs-,
Straßen- und historisches Register
Broschiert / ISBN 3-496-01181-5

Architekturführer München
Herausgegeben von Winfried Nerdinger
Deutsch / Englisch
Zweite, überarbeitete und erweiterte Auflage
XVI und 237 Seiten mit 376 Objekten,
770 Abbildungen und Grundrisse, 6 Lagepläne,
Schnellbahnnetz, Architekten-, Straßen- und
Baugattungsregister
Broschiert / ISBN 3-496-01219-6

Stuttgart
Ein Architekturführer
Von Martin Wörner und Gilbert Lupfer
Mit einer Einleitung von Frank R. Werner
Zweite, überarb. und erweiterte Auflage
261 Seiten mit 318 Objekten, 686 Abbildungen,
Grund- und Aufrisse, 10 Lagepläne, Schnellbahnnetz,
Architekten-, Baugattungs- und Straßenregister
Broschiert / ISBN 3-496-01157-2

REIMER